KB234588

톡!톡!톡!
생각을 디자인하라

톡톡톡 생각을 디자인하라

1판 1쇄 발행 2015년 11월 05일

지은이 | 한상형
펴낸이 | 최윤하
펴낸곳 | 정민미디어
기 획 | 출판기획전문 (주)엔터스 코리아
주 소 | (151-834) 서울시 관악구 행운동 1666-45, F
전 화 | 02-888-0991
팩 스 | 02-871-0995
이메일 | pceo@daum.net
편 집 | 정광희
본문 디자인 | 서진원

ⓒ 정민미디어

ISBN 979-11-86276-17-4 (13320)

※ 잘못 만들어진 책은 구입처에서 교환 가능합니다.

톡! 톡! 톡!

생각을 디자인하라

· 한상형 지음 ·

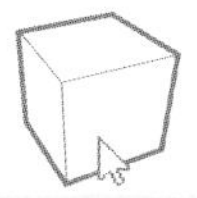

Prologue

"진정한 탐험이란 새로운 풍경을 찾는 것이 아니라 새로운 눈으로 보는 것이다." 저명한 프랑스의 소설가 마르셀 프루스트가 한 말이다. 창의성이란 일상생활 속에서 다른 사람들보다 조금 더 관심을 갖고 사물을 새롭게 바라보는 데서 시작한다. 창의적인 생각, 즉 창의성의 의미를 알면 그 누군가처럼 창의적인 사람이 될 수 있다.

창의적인 생각이라는 것이 절대 특별하지 않다. 일상생활에서의 작은 불편함이, 사랑하는 이를 좀 더 편안하게 해주고 싶은 마음이 세상 사람들의 불편함이나 아픔을 낮게 해주는 새로운 발명품을 탄생시킨다. 이런 발명 뒤에 창의적인 생각이 숨어있는 것이다. 이처럼 획기적인 발명이라고 하는 모든 것들이 누군가의 창의적인 생각에서 발전되어 지금의 모습을 하고 있다.

어떤 젊은 남자가 음료수를 사러 편의점에 갔다. 그런데 편의점 앞에 아주 무섭게 생긴 커다란 개가 있었고 그 옆에는 마음씨 좋게 생긴 아저씨가 앉아 있었다. 젊은 남자가 물었다. "아저씨! 아저씨 개는 사람을 무나요?" "허허. 내 개는 사람을 물지 않지." 워낙 개를 좋아하던 젊은 남자는 그 개를 예쁘다고 쓰다듬었는데 갑자기 개가 젊은 남자의 손을 물었다. 젊은 남자는 화가 나서 아저씨에게 따졌다. "좀 전에 저한테 이 개는 안 문다고 그랬잖아요!" 그러자 아저씨가 말했다. "이 개 내 개 아닌데."

이 세상에서 가장 무서운 '개'는 무엇일까? 불독, 도사견, 셰퍼드? 아니다, 그건 바로 '편견'과 '선입견'이다. 이 두 마리의 개는 이빨도 날카롭고 성격도 포악하여 우리에게 달려들면 도망가기 너무 힘들다. 편견과 선입견이 우리에게 오지 못하도록 해야만 창의성을 온전히 발휘할 수 있다.

나는 일상에서 습관이 되어버린 편견과 선입견 그리고 고정관념에서 벗어나 창의적인 사람이 되는 데 도움을 주기 위해 이 책을 쓰게 되었다. 내 안에 잠들어 있는 창의성을 깨우기 위해 쉽고 유쾌한 방법으로 글을 써보고자 했다. 창의적인 사람이 되기 위해서는 편견과 선입견 그리고 고정관념에서 벗어나는 것뿐 아니라 창의적인 나만의 공간도 만들어보고, 자신을 들여다보고 자신의 뇌도 깨워야 한다.

나는 이 책에서 일상생활 속에서 경험했던 소소한 아이디어를 소개하고 독자들이 공감할 수 있는 언어로 전달하려 한다. 그렇게 쉽게 독자들이 창의성과 가까워지게 하려는 것이 이 책을 쓰게 된 목적이다.

창의성에 대해 정의하고 설명하는 것 자체가 이미 창의적이지 않다. 그래서 이론은 꼭 필요한 핵심만 추려서 짧게 표현했고, 책 전체적으로는 다양하고 재미있는 사례들을 제시했다. 그리고 독자 스스로 창의성에 대해서 생각해 보도록 구성했다.

특히 창의성과 유머는 일맥상통하기 때문에 다양한 유머를 글 속에 수록해 독자들이 흥미롭게 읽을 수 있도록 작성했다. 이 책을 통해 창의성이란 누구나 개발할 수 있는 능력이며, 조금만 노력하면 아주 가까이 다가갈 수 있는 편안한 대상임을 느낄 수 있었으면 좋겠다.

CONTENTS

\ CHAPTER 4 \

한 걸음만이라도 먼저 실천하는 연습

\ CHAPTER 5 \

갈팡질팡하는 생각 리셋하기

창의성이란 무에서 유를 만들이내는 과정이 아니다. 오히려 유의 상태들을
다양하게 연결하고 조합해 더 나은 유의 상태를 만드는 것이 바로 창의성이다.

Intro

창의성이란 조금 더 다양한 관점에서 상황을 관찰하고 새로운 생각이나 개념을 찾아내 기존에 있던 생각이나 개념들을 새롭게 연결하고 조합해내는 과정이다.

구텐베르크는 포도주 착즙기의 원리를 바탕으로 인쇄기를 발명했다. 독성이 없는 밀랍 막대기로 만든 크레용으로 아이들은 화가가 되었다. 스티브 잡스는 기존의 휴대전화, 업무용 블랙베리, MP3 플레이어를 조합시켜 아이폰을 개발했다. 또한 뜨거운 커피를 담은 종이컵을 잡을 때 덜 뜨거우라고 고안한 종이 홀더, 설거지할 때 구석까지 닦을 수 있게 만들어진 마름모꼴 수세미까지. 하늘 아래 새로운 것은 아무것도 없다는 말처럼 자신의 생각은 과거 누군가가 생각하고 행동했던 모습이다.
이를 재조합하여 과거와는 다른 의미를 부여하고, 새로운 관계를 정립
하는 것이 바로 창의성이다.

틀 밖에서 틀을
바라보는 사람들

물이 가득 담겨져 있는 욕조가 있다. 욕조의 물을 빼려고 하는데, 옆에 양동이 하나와 수저 하나가 놓여 있다. 당신은 어떤 것으로 물을 빼겠는가? 양동이로 물을 빼겠다고 생각하는가? 글쎄, 나라면 욕조 마개를 빼겠다. 이것은 간단한 난센스 퀴즈다. 하지만 사람들은 문제가 제시하는 틀 즉, 양동이 하나와 수저 하나라는 틀에 대부분 갇혀버리기 마련이다. 주어진 틀에서 벗어나 틀 밖에서 생각한다는 것은 창의적인 사람이 되기 위한 첫걸음이다.

생각의 틀에서 벗어나는 사람들

한 낚시꾼이 호숫가에서 낚시를 하고 있었다. 하지만 그가 낚시를 하는 모습은 다른 평범한 낚시꾼들과는 조금 달랐다. 오른손에는 낚싯대를 들고 왼손에는 20cm의 자를 들고 있었다. 낚싯대를 가지고 있는 것은 당연하지만, 왜 자를 들고 있는지는 이해가 되지 않았기 때문이다. 그 이유를 궁금하게 생각한 지나가던 한 남자가 발길을 멈추고 그에게 물었다. 낚시꾼은 자를 흔들며 쑥스러운 듯 웃으며 대답했다. "저는 물고기를 잡을 때마다 20cm의 자로 물고기 길이를 잽니다. 물고기의 길이가 자보다 길면 버리고 짧으면 여기 냄비 그릇에 담지요." 그 남자는 낚시꾼의 말이 도통 이해가 되지 않았다. "그 무슨 해괴한 행동입니까? 덩치 큰 물고기는 쉽게 잡지 못할 월척인데 왜 전부 버린단 말입니까?" 그러자 낚시꾼이 아무렇지도 않은 듯이 웃으며 대답했다. "자보다 길면 물고기를 먹을 수가 없어요. 냄비의 지름이 20cm밖에 안되거든요."

낚시꾼의 대답에 기가 막힌다는 듯 그 남자는 어이없는 표정을 지으며 그의 곁을 떠났다. 얼마나 큰 물고기를 잡을지가 아닌 자신의 자와 냄비에 맞는 물고기만 잡아야 한다는 틀을 갖고 있었던 것이다. 낚시꾼의 잘못된 인식의 틀로 인해 그는 손에 들어온 월척들을 일부러 버리는 어리석음을 범하고 있었던 것이다.

낚시꾼이 가지고 있던 자와 냄비는 그의 사고 틀을 딱 20cm로 제한해 버리고 더 확장할 수 있는 사고의 틀을 아예 차단해 버린 것이다. 이 우스꽝스러운 일화는 단순하지만 분명한 교훈을 준다. 물고기는 우리의 생각과 아이디어, 냄비는 그것을 담아내는 그릇이자 사고의 틀을 비유하고 있다. '나의 생각이 얼마나 독창적이고 창의적인가'보다 '이 아이디어가 받아들여질 수 있을까?'를 먼저 고민한다면, 아무리 뛰어난 생각이나 독창적인 아이디어라 할지라도 결국 내 것이 될 수는 없다.

사람들에게 "무지개 색깔이 몇 개나 되죠?"라고 물어보면 대부분의 사람들은 아마도 "빨강, 주황, 노랑, 초록, 파랑, 남색, 보라 이렇게 7개죠."라는 대답을 가장 많이 할 것이다. 하지만 잘 생각해보면 무지개의 색깔은 7개를 훨씬 넘는다. 예를 들어 빨간색만 보더라도 비슷비슷한 색깔이지만 조금씩 다른 수많은 색깔들로 구성되어 있다. 물리학에서 보면 무지개는 수많은 색깔들이 연속적으로 이어져 있는 스펙트럼이기 때문이다.

사람들은 왜 '무지개 색깔은 7개'라고 생각하는 것일까? 그것은 사람들이 복잡한 것을 싫어하고 되도록 단순화시키고자 하는 성향을 갖고 있기 때문이다. '무지개는 수많은 색깔들이 모인 스펙트럼'이라는 생각을 갖게 되면 머리가 너무 복잡해진다. 파란색만 해도 진한 파란색, 연한 빛을 띠는 파란색 등 수많은 색이 존재한다. 이렇게 복잡한 체계를 굳이 머리를 써가며 알고 싶지 않은 것이다. 그래서 '무지개 색은 7개'라고 하나의 틀을 만들어서 언제 어디서든 편하게 꺼내어 사용하는 것이다.

　천재들은 평범한 사람에 비해 다양한 틀을 갖고 있다. 예를 들어 바둑이나 장기를 잘 두는 사람들을 보면, 그들은 상대가 두는 수와 자신이 두는 수를 더 많이 더 다양하게 기억하고 있다. 다채로운 경험을 통해 각양각색의 틀을 만들어 기억해 놓았다가 적절한 시기에 사용하는 것이다. 하지만 이런 틀만으로 살아가는 것은 부정적인 결과를 일으키기도 한다. 틀 안에서 생각하는 것이 편하기 때문에 틀 밖의 다른 생각을 하기도 힘들고 받아들이기도 어렵기 때문이다. 창의적이고 독창적인 아이디어란 내가 생각하는 틀 밖에서 이루어지는 경우가 많다. 창의적이고 참신한 발상을 하기 위해서는 내가 가진 틀에서 벗어나 새로운 관점에서 또 다른 하나의 의미를 불어넣어 주어야 하기 때문이다.

　창의성과 관련된 표현 중에서 '틀에서 벗어나라Outside the box'는 말이 있다. 이 말은 1960년대와 1970년대의 기업문화에서 유래한 것으로, 창의적으로 사고하기 위해 사용된 퍼즐에서 나온 말이다. 아마 당신도 한 번쯤은 본 적이 있고 해보았을 퍼즐이다. 격자 모양으로 생긴 아홉 개의 점을 펜을 떼지 않고 네 개의 선으로 연결하는 퀴즈를 말한다.

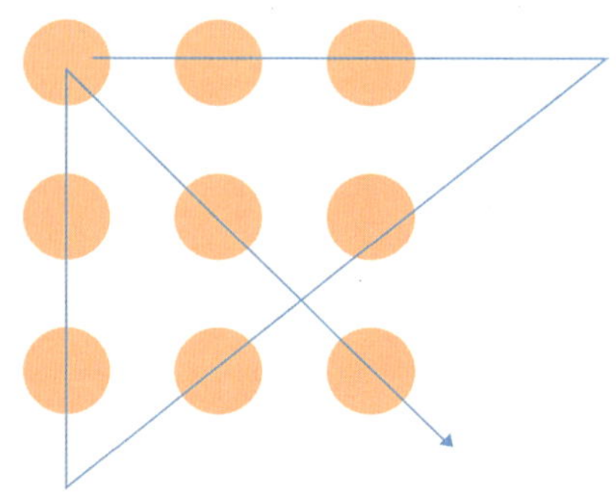

처음 이 문제를 접하면 어렵게 생각될 수 있다. 그 이유는 펜을 떼지 않고 점들의 격자 모양 밖으로 나가지 않고서는 문제가 해결되지 않기 때문이다. 이 문제에서 '선이 네모의 격자 모양 밖으로 나가야 한다.'는 의미로 'Outside the box'란 말이 유래되었다. 아주 오래된 이 퍼즐은 우리가 가진 틀 안에 정체되지 말고 틀 밖으로 벗어나 창의적으로 생각하라는 시사점을 던져준다.

정해진 틀에서 벗어나 창의적으로 생각하고 다른 시선으로 바라보는 것은 늘 신선하다. 프랑스의 시인 앙드레 불톤은 어느 화창한 봄날 공원을 지나가다가 거지를 만났다. 그 거지는 '나는 맹인입니다'란 푯말을 놓고 앉아서 구걸을 하고 있었다. 이를 본 앙드레 불톤은 잠시 동안 그를 바라보다가 맹인 앞에 놓인 푯말을 집어 들었다. 그러고는 그 푯말의 뒷면에 짧은 두 문장의 글을 썼다. 시간이 얼마 흐르지 않아 이 맹인의 적선함에는 수많은 동전이 쌓이게 되었다. 도대체 왜 이런 일이 벌어진 것일까? 앙드레 불톤이 적어준 푯말에는 이렇게 적혀 있었다.

'봄이 오고 있습니다. 하지만 나는 봄을 볼 수 없답니다.'

창의성이란 누구나 생각하는 일반적인 틀에서 벗어날 때 발휘된다. 앙드레 불톤은 '내가 맹인이니 나를 도와주시오!'라는 일반적인 표현의 틀을 과감히 깼다. '나도 다른 사람들과 똑같이 봄을 보고 싶다. 하지만 그럴 수 없어 마음이 안타깝다.'라는 감성에 호소한 것이다. 말이나 글의 표현을 기존의 틀에서 조금씩만 탈피해도 그 효과와 영향력은 큰 차이가 난다.

새로운 틀로 이동하기

육지에 사는 동물들 중에서 가장 체격이 큰 동물은 코끼리다. 이렇게 커다란 코끼리는 자기 몸집보다 훨씬 작은 사람들에 의해 지배당하며 살아간다. 인도나 태국에서는 야생에서 살고 있던 코끼리의 새끼를 길들이기 위해 다리에 쇠사슬을 묶고 큰 나무에 그 쇠사슬을 연결한다. 쇠사슬에 다리가 묶인 코끼리의 새끼는 도망가려고 안간힘을 다해본다. 하지만 코끼리의 새끼는 얼마 지나지 않아 쇠사슬에서 벗어날 수 없다는 사실을 깨닫게 된다. 결국 코끼리의 새끼는 쇠사슬에 묶이면 도망갈 수 없다는 하나의 틀을 만들어 버린다. 그래서 코끼리가 성장해 충분히 쇠사슬을 끊을 수 있을 만큼 힘이 세져도 쇠사슬을 끊으려는 시도조차 하지 않는다. 쇠사슬이 아니라 평범한 밧줄로 묶어 놓아도 도망가려 하지 않는다.

우리가 어렸을 때에는 다양한 생각을 해보고, 여러 가지 상상을 했다. 그래서 창의적인 발상과 행동들을 할 수 있었던 것이다. 하지만 나이가 들어가면서 스스로가 정한 한계의 틀을 만들어 그 틀 속에서 살아간다. 충분히 할 수 있는 새로운 것이라 하더라도 시도 자체를 하기 싫어한다. 지금부터라도 익숙한 자신만의 정해진 틀에서 벗어나 새로운 틀로 이동해보는 것은 어떨까? 그러나 이보다 더 중요한 것은 새로운 틀로 이동할 시기를 파악하는 것이다. 사람들은 종종 끓는 물속의 개구리처럼 천천히 변화하는 상황을 잘 읽어내지 못한다. 이럴 때에는 더 자주 확인하고 더 많이 관찰해야 한다. 틀도 마찬가지다. 특정 신호나 징후가 애매모호할 때는 더 많이 질문하고 더 깊이 알아보는 것이 필요하다.

1903년 헨리 포드는 포드 자동차를 탄생시켰다. 이후 5년이 지난 1908년, 헨리 포드는 시대의 역작 모델 T를 개발했다. 그는 적당한 가격에 튼튼하고 빠르면서 관리하기 편리한 자동차가 필요한 시기라고 생각했다. 그 당시의 사람들은 누구나 이용할 수 있는 대중적인 자동차의 필요성을 느끼고 있었다. 이런 변화의 시기를 감지한 헨리 포드는 컨베이어 벨트를 설치해 12시간 걸리던 자동차 제조시간을 불과 1시간 반으로 단축했다. 엄청난 제조시간 단축으로 소비자 가격을 크게 낮추는 계기를 마련했다.

시대의 흐름과 변화의 시기를 잘 파악했던 헨리 포드였지만 다시 새로운 틀로 바꿔야 하는 타이밍을 놓치는 실수를 하게 된다. 1927년 모델 T의 생산은 중단됐다. 단종되기 전까지 포드 자동차는 전 세계적으로 1500만 대의 모델 T를 생산했다. 하지만 헨리 포드는 새로운 변화를 읽어내지 못했다. 화려해지는 할리우드 영화의 인기, 세련되어지는 미국인의 문화적 취향은 자동차에 대한 인식을 많이 변화시켰다. 자동차는 운송 수단뿐 아니라 사회적 지위와 경제적 성공을 과시하는 수단으로 변해있었다. 즉, '자동차는 타는 것'에서 '자동차는 지위의 상징'이란 새로운 틀로 바뀌어 있었던 것이다. GM은 이런 사회적이며 문화적인 변화를 예상하고 그것을 자동차 개발에 반영했다. 하지만 포드 자동차는 별다른 변화를 주지 않았다. 헨리 포드는 자신에게 승리를 안겨주었던 모델 T에 집착했다. 결국 포드 자동차의 시장 점유율은 점점 낮아지다가 2차 세계대전이 끝날 무렵 파산하고 말았다.

기존 틀에서 벗어나 새로운 틀로 이동해야 할 적절한 시기를 파악하는 것은 중요하다. 이를 위해 안테나를 세워 변화의 초기 신호들을 감지해야 한다. 이 신호를 감지하자마자 효과적으로 행동에 옮길 수 있는 능력도 키워야 한다. 게다가 모든 일이 잘 돌아가더라도 주위에 대한 경계심을 잃어서는 안 된다. 그렇다면 사람들은 왜 새로운 틀로 이동해야 할 시기를 잘 모를까? 혹시 알고 있지만 행동에 옮기지 못하는 것은 아닐까? 여기에는 두 가지 이유가 있다.

첫째, 사람들은 익숙한 방식과 행동 패턴을 좋아한다. 편하기 때문이다. 더 이상도 더 이하의 이유도 없다. 그냥 편해서이다. 길을 지나던 한 남자가 이상한 광경을 보고 멈춰 섰다. 남자 둘이서 이해할 수 없는 행동을 하고 있었기 때문이다. 한 사람은 삽으로 열심히 땅을 파고, 다른 한 사람은 파 놓은 땅을 삽으로 열심히 메우고 있었다. 이 남자는 이유가 궁금해 그들에게 물었다. 그러자 한 사람이 대답했다. "우리는 나무 심는 일을 합니다. 원래는 3명인데, 파 놓은 구멍에 나무를 심는 사람이 오늘 결근했답니다."

둘째, 과거 승리에 대한 도취감 때문이다. 헨리 포드가 모델 T의 성공에 집착했던 것처럼 말이다. 사람들은 어떤 승리나 성공을 하게 되면 자신감이 커진다. 자신감이 커지면 앞으로도 성공할 것이라는 일종의 자기 확신이나 자기 믿음이 생긴다. 문제는 자기 확신이나 자기 믿음으로 인해 다른 사람들의 조언이나 충고를 무시하게 된다는 것이다. 과거에 성공했던 방식을 고수하고 비슷한 행동 패턴을 유지하게 된다. 이로 인해 결국 경쟁자에게 뒤지게 되는 것이다.

시장을 선도하던 기업이 어느 시점에서 더 이상 혁신이 불가능해지고 새로운 기술로 무장한 후발 기업들에게 자리를 내주는 경우가 종종 발생한다. 이로 인해 기존 조직들이 몰락하는 현상을 혁신의 딜레마라고 한다. 하버드대학교 경영대학원 클레이튼 크리스텐센 교수는 파괴적 혁신으로 유명하다. 그는 저서《혁신기업의 딜레마》에서, 성공한 기업들이 한때는 성공의 단맛을 경험했지만 오히려 그로 인해 성공의 덫에 걸려 실패하는 경우가 많다고 말한다. 기업의 '핵심역량'이 '핵심경직성'으로 변하는 아이러니한 현상이 벌어진다는 것이다. 성공의 덫에서 벗어나기 위해서는 기업을 늘 새롭게 변화하려는 비전과 목표를 가져야 한다. 새로운 사업부를 만들거나 다양한 분야의 인재를 영입하거나 하는 것은 중요하다.

내가 결심한 순간 나는 창의적인 사람이 된다

심리학자 로버트 스턴버그 예일대 교수는 창의성에 대한 연구를 통해 창의적인 사람들의 공통점을 찾아냈다. 창의적인 사람들은 모두가 자신이 창의적인 사람이 되기로 결심했다는 것이다. 창의적인 사람들은 다섯 가지의 특징을 보인다. 첫째, 해법을 구하기 위해 새로운 방식으로 문제를 재정의한다. 둘째, 어느 정도의 위험을 혁신 과정의 일부로 감수하며 신패를 받아들인다. 셋째, 현상 유지를 거부하고 새롭게 도전하며 그때 마주치게 되는 장애물에 과감히 맞선다. 넷째, 자신이 올바르게 가고 있다고 생각하면 불확실한 상황에 봉착해도 그 모호한 상태를 견뎌낸다. 다섯째, 자신의 기술이나 지식이 정체되지 않도록 끊임없이 지성을 연마한다.

피터는 아이들로부터 항상 놀림을 당했다. 남들보다 말도 느리고 걸음도 느리고 반응도 느리기 때문이다. 그래서 아이들은 피터를 보면 언제나 괴롭히고 장난치고 놀렸다. 가장 자주 놀려먹는 일은 10센트짜리와 5센트짜리 동전을 보여주는 것이었다.

"피터, 여기 있는 10센트와 5센트 중에 어느 걸 가질래?"

그러면 피터는 커다란 눈을 끔뻑끔뻑하다가 크기가 더 큰 5센트짜리 동전을 집어 들곤 했다. 아이들은 피터에게 바보라고 놀렸다. 이 모습을 지켜보던 동네 할아버지가 말했다.

"피터야, 5센트 동전이 더 크지만 10센트가 더 가치 있는 거란다."

그러자 피터는 할아버지에게 이렇게 말했다.

"저도 알아요. 그러나 제가 10센트를 집는다면 이 놀이가 끝나잖아요."

피터는 창의적인 사람들의 특징을 가지고 있었다. 먼저 5센트와 10센트 중에 하나를 고르는 문제를 새로운 방식으로 재정의했다. 즉, 5센트와 10센트 중에 어느 것이 더 큰 돈인가를 알아맞히는 놀이를 '어떻게 하면 더 오랫동안 할 수 있을까?'라는 문제로 재정의했다. 그리고 동네아이들이 자기를 바보라고 생각해 괴롭히고 장난치는 위험을 받아들였으며, 자신의 목적을 달성하기 위해 동네바보라고 놀림을 받는 상황을 견뎌냈다.

많은 사람들이 창의적인 사람들은 머리가 좋다고 생각하지만 IQ가 높은 천재라고 해서 창의성이 높은 것은 아니다. 스탠퍼드대학교 연구팀은 IQ 115~120이 가장 창조적 성과를 낸다고 밝힌 바 있다. 아직까지 창의성을 명확하게 검증하는 측정 도구는 없다. 현재까지 가장 많은 사람이 신뢰하는 창의성 측정 방법은 "당신은 창의적인 사람입니까?"라고 질문해보는 것이다. 이 질문에 스스로 "그렇다."라고 대답하는 사람은 창의적이고, 그렇지 못한 사람은 창의적이지 않다는 것이다. 창의성에는 자신감, 자기 믿음, 두둑한 배짱 등이 중요하기 때문이다. 그리고 창의적인 사람들은 어떤 물음에 단 하나의 정답만을 고수하지 않는다. 틀에서 벗어나 생각하기 때문에 다양한 답을 제시하는 것도 어렵지 않다. 이를 잘 보여주는 예로는 덴마크의 물리학자 닐스 보어의 대학 시절 이야기를 들 수 있다.

그는 현대 물리학에 한 획을 그은 뛰어난 과학자로, 새로운 원자 모형과 양자역학으로 노벨물리학상을 받기도 했다. 그의 업적은 아인슈타인에 필적할 정도라고 한다. 그가 덴마크 코펜하겐대학교 물리학과를 다니던 시절, 교수는 학생들에게 '기압계를 사용해 고층 건물의 높이를 재는 방법을 적으시오.'라는 문제를 냈다. 높이에 따라 기압은 변한다. 이런 현상을 참고해서 건물의 높이를 계산하라는 것이었다. 이 문제에 대한 답안을 놓고 교수와 닐스 보어 사이에 언쟁이 벌어졌다. 보어가 제출한 답이 교수의 예상을 벗어났기 때문이다. 닐스 보어의 답은 이랬다. "건물 옥상에 올라가 기압계에 줄을 매달아 아래로 늘어뜨린 뒤 줄의 길이를 재면 된다."

그러나 기압계라는 측정 도구를 활용해 건물의 높이를 구해야 하는 교수의 출제의도와는 거리가 먼 답이었다. 닐스 보어는 기압계를 측정 도구로 활용한 것이 아니라 줄이 흔들리지 않게 해주는 하나의 추로 이용한 것이다. 이 상황을 지켜보던 다른 교수가 보어에게 시간을 더 줄 테니 물리학 지식을 이용해 답을 써 보라고 말했다. 교수의 말을 듣자마자 보어는 곧바로 대답했다. "기압계를 가지고 옥상에 올라가 아래로 떨어뜨린 후 낙하시간을 잽니다. 그럼 건물의 높이는 '$\frac{1}{2}\times$중력가속도$\times$낙하시간^2'이 됩니다." 이 역시 교수가 생각한 정답은 아니었다. 그러나 충분히 창의적이고 과학적인 답변이었기에 이 답안은 높은 점수를 받았다. 교수가 보어에게 이 문제에 대한 또 다른 방법은 없겠느냐고 질문하자 보어는 다양한 답안을 제시했다. '옥상에서 바닥까지 닿는 긴 줄에 기압계를 매달아 시계추처럼 움직이게 한 다음 그 주기를 측정하면 줄의 길이를 계산할 수 있다, 이등변삼각형의 닮음비를 이용한다' 등 5가지의 독창적인 방법을 바로바로 이야기해 교수들을 깜짝 놀라게 만들었다.

하지만 보어 자신이 생각해볼 때 가장 명확한 답은 전혀 다른 것이었다. 바로 '기압계를 건물 관리인에게 선물로 주고 설계도를 얻는다'였다. 보어가 제시한 여러 가지 답들은 모두 기압계를 기압을 재는 도구로 사용하지 않았다는 공통점이 있다. 모두가 예상하는 틀에 박힌 정답, 하나같이 똑같은 답에서 벗어날 때 생각의 틀을 깨는 독창적인 답들이 쏟아져 나올 수 있다. 만약 '과학적인 정답'이라는 미명 아래 천편일률적이고 획일화된 답을 요구하는 분위기였다면 닐스 보어와 같은 위대한 과학자는 탄생하지 못했을 것이다. 어떤 문제를 해결하는 데 있어서 단 하나의 절대적인 정답이란 없다. 틀에서 벗어나 사고의 유연성을 가지고 새로운 관점에서 문제를 바라보아야 한다. 이런 과정에서 독특하고 기발한 아이디어를 발휘할 수 있다.

창의적인 사람, 창의적인 조직, 창의적인 국가

건망증이 심각한 아내와 함께 집을 나와 고속도로를 달리고 있었다. 아내가 소리를 지른다. "어머! 전기다리미 안 *끄고* 온 것 같아요!" 급하게 집에 되돌아가 봤지만 전기다리미는 꺼져 있었다. 그 다음 날도 또 그 다음 날도. 집을 나와 고속도로를 한참 달리고 있는데 오늘도 역시 아내가 소리를 지른다. "어머! 전기다리미 안 *끄고* 온 것 같아요!" 그러자 남편은 갑자기 차를 도로변에 세우고 트렁크를 열었다. 그리고 남편이 하는 말. "자, 여기 있다. 전기다리미!"

우리가 다림질을 할 때 옷을 잘 태우는 이유는 갑자기 전화가 오거나 TV를 보다가 한눈을 팔기 때문이다. 그렇다면 다림질은 잘 되면서도 옷을 태우지 않는 다리미는 없을까? 이런 창의적인 생각에서 만들어진 전기다리미가 바로 '올리소 다리미'다. 올리소Oliso는 미국에 있는 생활가전 업체다. 올리소 다리미는 출시되자마자 타임지가 선정한 최고의 발명품 반열에 올랐다. 다림질을 하다가 손을 떼면 다리미 밑판 앞뒤에 숨어있던 다리가 쏙 하고 튀어나와 다림질하는 옷과 다리미 밑판 사이가 벌어지는 간단한 원리였다. 다시 손으로 다리미의 손잡이를 잡으면 앞뒤의 다리가 다리미 밑판 속으로 들어간다.

이런 단순한 아이디어를 사람들은 왜 생각해내지 못했을까? 그 이유는 사람들이 가진 다리미에 대한 변하지 않는 틀이 있었기 때문이다. '옷을 다림질하려면 뜨거운 온도를 가진 다리미가 필요하다, 옷이 타지 않는 다리미는 뜨겁지 않아야 한다.' 이런 상반된 상황인식 때문에 옷을 태우지 않는 다리미가 탄생할 수 없었다. 하지만 올리소는 다리미에 대한 틀을 바꿔 이렇게 생각했다. '사람들이 잠시 한눈을 팔 때라도 다리미가 옷이 타지 않을 만큼의 간격만 유지하면 문제가 없다.' 그 결과 세계 최초로 옷을 태우지 않는 전기다리미가 탄생하게 되었다. 이처럼 창의적인 조직은 사람들의 생각을 틀에서 벗어날 수 있게 도와주어 창의적인 인재로 키워준다. '이건 너무 이상한 아이디어다, 이건 절대 풀리지 않는 문제다.'라는 틀에서 벗어날 때 창의적인 사람, 창의적인 조직, 창의적인 국가가 이루어진다.

지금은 디지털 혁명 시대에서 스마트 시대로의 전환기에 있다. 갑작스런 변화에 대처하기 위해서는 자신만의 전략과 방식이 필요하다. 루이스 캐럴의 저서《거울 나라의 앨리스》를 보면 이런 이야기가 나온다. "같은 장소에 있으려면 네가 달릴 수 있는 만큼 힘껏 계속 달려야 한단다. 다른 데 가고 싶다면 최소한 두 배는 더 빨리 달려야 해." 무서운 속도로 변화하는 세상에서 남들에게 뒤처지지 않고 주도적이 되는 열쇠는 바로 창의적인 아이디어에 있다.

삼성경제연구소도 미래에 최고경영자가 갖추어야 할 중요한 조건으로 창의성을 꼽았다. 1960년대까지는 창업자형, 1970년대와 1980년대는 관리형, 1998년부터 2008년까지는 구조조정형 최고경영자가 요구된 시대였다. 하지만 앞으로는 창조형 최고경영자가 요구되는 시대가 올 것이라 내다보았다.

지금은 창의성의 시대라고 해도 과언이 아니다. 학교, 기업, 관공서, 군대까지도 창의적인 인재를 발굴하는 데 여념이 없다. 기업들도 창의적인 인재 발굴을 위해 많은 노력을 하고 있다. 삼성도 창의적이고 우수한 인재를 확보하기 위해 창의성 면접까지 시행한다. 다른 나라에서도 창의성을 기업 경쟁력으로 적극 활용하는 기업들이 많다.

미국의 사회학자 리처드 플로리다 교수는 창의적인 계층이 새로운 주류세력으로 부상하게 될 것이라고 예측했다. 그는 미래 사회의 핵심

가치는 '다양성, 개방성, 혁신성'이라고 강조했으며, 21세기는 창의적 공간의 시대라고 말했다. 오늘날은 전문가들끼리 모여 교감하고, 아이디어를 조합해 공유하면서 새로운 것을 창조해내는 시대가 될 것이라 예견했다. 유엔미래포럼 박영숙 대표도 이제 곧 도시는 연구기관과 첨단기술 기업 등 창조그룹이 자리를 잡는다고 말했다. 그리고 창조그룹이 새로운 일자리를 만들고 새로운 기술을 개발한다고 주장한다. 개인이나 조직 모두 창의성을 갖추지 않고서는 살아가기 힘든 시대가 오고 있다. 그렇다면 개인이나 조직은 어떻게 하면 좋을까? 바로 한두 명의 천재가 내놓는 기발한 아이디어보다는 다소 미약한 아이디어라도 계속 내놓을 수 있는 조직 분위기를 만들면 된다. 이런 조직이 창의적인 조직이며, 개인이나 조직 모두가 창의성을 발휘할 수 있는 원동력이다.

미국의 픽사는 토이 스토리와 인크레더블과 같은 독창적이고 기발한 작품으로 유명하다. 픽사는 단 한 번도 외부에서 아이디어를 들여온 적이 없다고 한다. 오직 픽사 직원들의 아이디어만 사용한다고 한다. 그만큼 직원들의 아이디어를 존중하고 자발적으로 참여할 수 있는 분위기가 조성되어 있다. 또한 직원들이 조각, 그림, 연기 등 다양한 분야의 취미활동을 할 수 있도록 픽사대학교를 설치해 운영하고 있다. 직원들이 자기 분야만이 아닌 각양각색의 다른 분야도 흥미를 가질 수 있는 환경을 만들어주는 것이다. 이처럼 창의적인 조직을 만드는 것은 조직원 모두와 소통하고 아이디어를 공유하며, 창의적인 아이디어를 제안하기 쉬운 분위기를 마련해주는 것이다.

창의성은 뇌의
변화에서 시작한다

미국의 지그 지글러 박사는 적극적 사고 훈련가로 유명했다. 그가 겪었던 일 중에서 뇌가 한 사람의 인생까지도 바꾸어 준다는 일화가 있다. 그가 뉴욕의 한 지하도 안에서 거지를 만났을 때의 일이다. 그 거지는 연필을 팔고 있었다. 대부분의 사람들은 그에게 적선을 하고 나서 연필을 받지 않고 그냥 떠났다. 하지만 지그 지글러 박사는 이 거지에게 돈을 냈으니 연필을 달라고 했다. 그러면서 지그 지글러 박사는 이 거지에게 이렇게 말했다. "내가 당신에게 돈을 주고 연필을 산 것이니, 당신은 지금부터 거지가 아니라 당당한 사업가입니다." 그런데 이 일이 있은 후부터 거지의 뇌에는 거대한 회오리가 일기 시작했다. '그래 맞아. 난 거지가 아니야. 나도 엄연한 사업가라고.' 시간이 지나 이 거지는 정말로 번창한 사업가가 되어 지 그 지글러 박사를 찾아왔다.

우리가 늙는 이유는 나이가 들어서가 아니다. 뇌가 변화하기를 멈추기 때문에 늙는 것이다. 변화하려는 사람이 실제로도 젊게 보이고 건강하다. 우리의 뇌는 변화를 싫어한다. 하지만 뇌에 변화를 주기 시작하면 운명을 바꿀 수 있는 창의적인 삶을 영위해나갈 수 있다.

섹시한 뇌는 새롭게 떠오른 미의 기준

영국 드라마 〈셜록〉을 보면 "Brain is the new sexy"라는 표현이 나온다. 이제는 몸뿐만 아니라 뇌까지도 섹시하다는 표현을 쓰는 세상이다. 우리식 표현으로 '뇌가 섹시한 남자, 뇌가 섹시한 여자' 즉 '뇌섹남, 뇌섹녀'라 할 수 있다. 이처럼 사람들의 많은 관심을 받고 있는 것이 참신하고 스마트한 사람들 이야기다.

사람들은 자기 뇌의 10%밖에 사용하지 않는다는 속설이 있다. 누구나 한 번쯤은 들어봤을 만한 이야기다. 보통 사람들은 5%를 사용하고 아인슈타인조차 10%를 채 사용하지 못했다는 말도 있다. 하지만 최근 미국 인디애나주립대 연구팀의 연구 결과에 의하면 이 속설은 잘못된 것이다. 사람에게 있어서 사용되지 않는 뇌는 거의 없다고 한다. 이 연구팀은 사람이 뇌의 어느 부분을 사용해 과제를 수행하는지를 조사했다. 기능성자기공명영상FMRI을 통해 뇌를 촬영해 보았다. 조사 결과 사용되지 않고 잠들어 있는 뇌의 부분은 거의 없었다. 뇌가 수행하는 과제의 종류에 따라 주로 사용되는 뇌의 부분은 다르지만, 다른 부분도 계속 움직이고 있었다는 것이다. 사람은 걷거나 음악을 듣는 등 사소한 동작들을 할 때까지도 뇌의 거의 모든 부분을 사용한다는 사실이 밝혀졌다.

'뇌의 10%만 사용한다'는 속설은 한 심리학자의 주장에서 비롯됐다. 그는 사람은 자신의 실제 조건보다 훨씬 못한 정도의 정신과 신체를 사용한다고 말했는데, 사람들은 이 말을 잘못 인용해 자신의 정신적 잠재력을 10%밖에 발전시키지 못한다고 사용했던 것이다. 늘 뇌의 100%를 사용하고 있다면 이왕이면 뇌를 잘 활용하는 것이 좋을 것이다. 우리는 뇌를 완벽하게 사용하고 싶어 한다. 히지만 우리는 퀴즈나 퍼즐치럼 머리 쓰는 게임을 하면 뇌가 발달하지 않을까 하는 정도의 막연한 생각만 해볼 뿐이다. 뇌와 관련된 분야는 생소하고 낯선 영역일지 모른다. 그래도 우리의 삶 전체를 흔들 수 있는 뇌에 관해 알아보는 것은 효율적인 뇌 활용을 위해 필요하다.

당신은 우뇌형? 아니면 좌뇌형?

뇌에 관해 많이 사용되는 표현 중에 '우뇌형 인간, 좌뇌형 인간'이라는 말이 있다. 뇌 연구로 노벨상을 수상한 미국의 로저 스페리 교수는 우뇌와 좌뇌의 특징을 연구해 발표했다. 우뇌는 주로 직관적이며 통합적인 지각 능력을 담당한다. 반면 좌뇌는 주로 논리적이며 분석적인 능력을 담당한다고 알려져 있다. 그러나 최근에는 우뇌와 좌뇌가 하는 일이 다를 뿐이고 누구나 우뇌와 좌뇌를 동시에 사용한다는 학설이 지배적이다. EBS 〈CEO 특강〉에 출연한 이노디자인 김영세 대표는 "정보화시대는 떠나가고 좌뇌와 우뇌를 모두 사용하는 감성시대가 도래했다. 미래는 강력한 상상력으로 미래의 가치를 현실의 성공으로 이끌어내는 창조적 능력을 가진 사람들의 시대다."라고 말했다.

하지만 우뇌와 좌뇌의 특징을 살펴보는 것은 도움이 된다. 그 특징에 따라 창의성을 발휘하기 위한 기본 설계를 할 수 있기 때문이다. 우뇌는 음악을 듣거나 그림을 보거나 어떤 이미지를 떠올리는 기능을 한다. 예술성, 직관성, 창의성 등이 바로 우뇌의 영역이다. 우뇌형 인간은 시각적인 이미지와 패턴에 강하고, 감각적이며 직관적인 특징을 가지고 있다. 어떤 우뇌형 남자가 입사 면접을 보러 갔다.

면접관이 물었다.

"영어회화 잘하세요?"

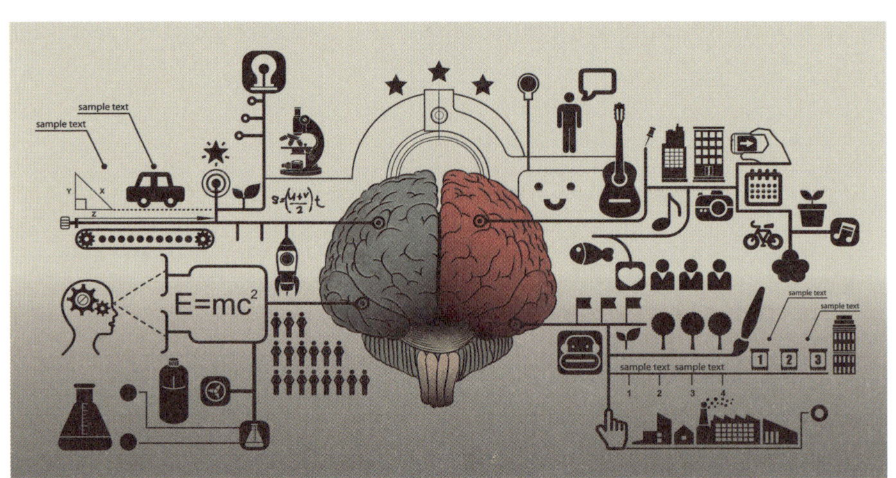

sample text
sample text
E=mc²
sample text
sample text
sample text
sample text

"네, 잘합니다."

"그러면 '김 대리 좀 바꿔주세요!'를 영어로 해보세요!"

"Mr. Kim Please!"

남자가 자신 있게 대답했다.

"그러면 통화 중은 영어로 어떻게 말하죠?"

생각이 잘 떠오르지 않자 이 우뇌형 남자는 이렇게 말했다.

"뚜뚜뚜뚜."

이에 반해 좌뇌는 말을 하거나 듣거나 계산하는 식의 논리적인 기능을 한다. 좌뇌형 인간은 언어와 숫자에 강하며 분석적이다. 수학, 과학, 물리 등을 잘하고 기억력이 좋으며 꼼꼼한 경향이 있다. 어떤 좌뇌형 변호사의 이야기다.

좌뇌형 변호사가 기르는 개가 동네 정육점에 들어가 쇠고기 한 덩어리를 물고 달아났다. 정육점 주인은 변호사의 집으로 찾아갔다.

정육점 주인 : 변호사님, 상담할 것이 있어서 왔습니다.

좌뇌형 변호사 : 말씀하시지요.

정육점 주인 : 개가 고기를 물고 달아나면 고기 값을 개 주인에게서 받을 수 있는지요?

좌뇌형 변호사 : 물론 받을 수 있습니다.

정육점 주인 : 그럼 저에게 만 원을 주십시오. 변호사님이 기르는 개가

조금 전에 우리 가게에서 고기를 한 덩어리 물고 달아났습니다.

좌뇌형 변호사 : 아, 그래요? 여기 만 원 있습니다.

정육점 주인은 변호사가 준 만 원을 받아들고 기쁜 마음으로 가게로 돌아왔다. 그런데 며칠이 지난 후 정육점 주인은 변호사가 보낸 편지를 한 통 받았다. 그 안에는 청구서가 들어 있었다.

'변호사 상담료 : 10만 원'

최근 뇌 과학계에서는 우뇌와 좌뇌의 기능적 차이가 별로 안 난다고 말한다. 오히려 우뇌와 좌뇌는 독립적이 아니라 서로 소통하며 보완적이라는 관점이 더 보편적이다. 창의성을 발휘하기 위해서는 먼저 우뇌가 자유롭게 아이디어를 떠올릴 수 있는 환경을 조성하는 것이 필요하다. 그 후 좌뇌가 판단력과 분석력을 기반으로 그 아이디어를 선택하고 추진하는 것이 가장 바람직하다.

당신을 배신하는 당신의 뇌

사람들은 자신이 논리적이며 합리적이라고 생각하는 경향이 있다. 그렇지만 우리의 뇌는 비논리적이며 비합리적인 면들이 더 많다. '통제력 착각의 오류'라는 것이 있다. 쉽게 말해, 도박이나 주사위 던지기 또는 복권 당첨처럼 운에 의해 결정되는 사건을 자신이 통제할 수 있다고 여기는 착각을 말한다. 예를 들어 사람들에게 숫자 6이 나오도록 주사위를 던져보라고 하면, 주사위를 힘껏 던지는 경향이 강하고, 숫자 1이 나오도록 던져보라고 하면 주사위를 더 살짝 던진다고 한다.

뇌는 우리 몸무게의 2%밖에 안 되는 무게다. 하지만 우리 몸에서 사용하는 전체 에너지 중에서 20%의 에너지를 소비한다. 그러다 보니 뇌를 사용할 때 에너지 소모량이 큰 것이다. 에너지를 많이 소비하면 힘들어지니까 가급적 뇌를 적게 사용하려는 것이다. 대부분의 사람들은 모든 것을 검토한 후 최적의 대안을 선택하지 않는다. 다 검토하면 피곤하기 때문에 자신이 만족할 만한 수준의 대안이 나오면 더 이상 고민하지 않고 판단을 멈춰버린다. 이런 특징 때문에 우리의 뇌를 '인지적 구두쇠'라고도 부른다. 창의성은 우리가 우리의 뇌를 변화시키려는 노력에서 시작되는 것이다. 인지적 구두쇠뿐만 아니라 '오컴의 면도날 Occam's razor'이란 특성도 있다. 오컴의 면도날이란 14세기 영국 논리학자였던 오컴의 이름을 따서 나온 이론이다. 이 이론은 어떤 현상을 설명할 때 가장 단순한 가설로 시작해야 하며, 가설을 필요 이상으로 정립하지 말라는 것이 핵심이다. 즉, 쓸데없는 가설들은 면도칼로 싹둑 자르라는 것이다. 이 원칙에 따르면 가장 간단한 해결책이 가장 타당한 해결책으로 간주된다. 또한 이 가설을 반박할 수 있는 증거가 나타날 때까지 이런 현상은 지속된다.

예를 들어 아침에 창밖을 보니 도로가 물에 젖어 있다고 가정하자. 이 상황에서 보통 사람들은 쉽게 판단해 버린다. '도로가 젖어 있는 것을 보니, 어젯밤에 비가 내렸나 보군.'이라고 말이다. 사실 논리적으로 생각해본다면, 도로가 젖어 있는 것은 다른 이유일 수도 있다. 누군가 일부러 물을 뿌려놓은 것일 수도 있다는 말이다. 하지만 우리의 뇌는 중요하지 않다고 생각되는 문제에 대해서는 다양한 가설을 내리기 싫어한다. 복잡하고 귀찮기 때문이다. 이로 인해 사람들은 끝없이 논리적 오류를 범하고 비합리적인 판단을 하게 된다. 이처럼 사람은 가능한 한 단순한 의사결정을 내리는 것을 선호한다. 예를 들어 사람들은 좀 더 생생하거나 최근에 본 내용을 쉽게 회상한다. 사람들은 흡연보다 자동차 사고로 사망하는 사람이 더 많다고 느끼는 것처럼 말이다. 흡연보다는 자동차 사고로 인한 사망 소식을 언론매체에서 더 쉽게 접하기 때문이다. 이런 '인지적 구두쇠'와 '오컴의 면도날'의 특성을 지닌 사람들의 성향을 반영해 마케팅에 성공한 사례도 다양하다.

3M은 자사의 안전유리 광고를 위해 버스정류장 비람막이 창을 안전유리로 막고 그 공간 사이에 실제 돈과 가짜 돈을 섞은 돈다발을 넣었다. 그리고 '가져갈 수 있으면 꺼내 가라'는 광고 카피로 안전유리 제품의 특징을 강조했다. 사람들은 이 광고 하나만 보고서도 단순한 의사결정을 내리게 된다. '야, 정말 튼튼한 유리구나'하고 말이다. 이 광고 전략은 버스를 기다리는 대중의 시선을 단숨에 사로잡으며 브랜드 인지도를 높였다.

영국의 경제학자인 노리나 허츠 교수도 뇌에 관한 재미있는 사례를 소개하고 있다. 수습변호사들을 대상으로 이루어진 실험이었다. 수습

변호사들이 판사 위치가 되어 강간사건 피고인에게 형을 선고하는 내용이었다. 실험이 진행되는 동안 실험 도우미인 훼방꾼 한 명이 법원에 난입한다. 첫 번째 상황은 훼방꾼이 피해자의 남자 친구인 척 연기하며 "그놈에게 5년 형을 선고해!"라고 소리를 질러댄다. 두 번째 상황은 피고인의 친한 친구인 척하며 "그를 석방하라!"고 강하게 주장하는 실험을 한 것이다. 결과는 놀라웠다. 첫 번째 상황에서 판사 역할을 했던 수습변호사는 평균 33개월을, 두 번째 상황에서 판사 역할을 했던 수습변호사는 평균 23개월을 선고했다. 사람들은 전문가의 조언을 받게 되면 두뇌 중 독립적인 의사결정을 담당하는 부위의 활동이 멈춰버린다는 것을 보여준 실험이었다.

우리의 뇌는 가능한 한 가장 쉽고 편리하게 판단하고 행동하기를 좋아한다. 최대한 빨리, 지름길을 통해 목적지에 이르는 것처럼 간편하게 해결할 수 있는 결정을 선호한다. 이러한 것을 '휴리스틱Heuristic'이라고 하는데, 휴리스틱은 문제를 해결하거나 불확실한 상황을 판단하기 위해 사용되는 방법으로, 주어진 시간이나 정보가 부족해 합리적인 판단이 곤란하거나, 체계적이고 합리적인 판단이 중요하지 않을 때 재빨리 사용하는 어림짐작을 말한다. 깊이 생각하지 않고 바로 결정하는 어림셈 정도라 보면 된다. 그러나 휴리스틱은 별다른 노력 없이도 만족할 만한 답을 빠르게 낸다는 점은 좋지만, 때론 터무니없는 결과를 가져오기도 한다.

트버스키와 카너먼은 휴리스틱에 대한 재미있는 실험을 진행했다.

먼저 실험 참가자를 두 그룹으로 나눈다. 한 그룹은 8부터 1까지를 암산으로 곱해보라는 문제를 낸다. 다른 그룹은 1부터 8까지 암산으로 곱해보라는 문제를 제시했다. 아주 빠른 시간 안에 답하도록 지시했다. 실험 결과, 첫 번째 그룹이 대답한 답의 평균은 2,250이었다. 반면 두 번째 그룹이 답변한 평균은 겨우 512였다. 숫자의 순서만 바꾼 결과로도 평균이 다르게 나왔다. 그 이유는 사람들이 기준점을 다르게 설정했기 때문이다. 8부터 곱한 그룹은 '8×7×6×5'로 시작했기 때문에 첫 기준이 매우 높았다. 그래서 '8에다 7을 곱하면 56, 56에다 6을 곱하면 336. 이런 식으로 곱하다 보면 높은 합산이 나오겠구나.'라고 생각한 것이다. 반면에 1부터 곱한 그룹은 '1×2×3×4'로 시작했기 때문에 첫 기준이 낮아 낮은 기준점을 설정한 것이다. '1에다 2를 곱하면 2, 2에다 3을 곱하면 6. 이런 식으로 곱하다 보면 낮은 합산이 나오겠구나.'라고 생각했기 때문이다. 이 실험에서 문제로 제시한 깃의 딥은 둘 다 같아야 했다. 그런데 빠른 시간 안에 답하기 위해 각자가 암산을 하면서 첫 번째와 두 번째 숫자를 곱한 결과에 따라 어림짐작하여 답을 했다. 즉 나름의 방식으로 대충 답을 말했다는 것이다. 우리가 '상식적으로 생각한다'는 말을 다른 말로 표현하면 '더 이상 생각할 필요가 없다'와 같다. 이미 상식에 따라 생각하고 행동하는데 다른 생각을 할 필요가 없기 때문이다. 안 그래도 우리의 뇌는 게을러서 머리를 쓰기 싫어하는데 상식에만 의존한다면 그야말로 생각을 포기하는 것이나 마찬가지다. 생각을 포기하고 나면 당연히 창의적인 아이디어는 떠오르지 않는다.

　어느 나라에서 있었던 일이다. 이 나라에는 전쟁에서 오른쪽 눈을 잃은 왕이 살고 있었다. 이 나라는 궁정의 벽에 왕의 초상화를 걸어놓는 전통이 있다. 하지만 왕은 자신의 애꾸눈이 늘 마음에 걸렸다. 유명한 화가들이 왕의 초상화를 그렸지만 어느 것도 마음에 들지 않았다. 왕은 자신의 콤플렉스 때문에 난폭해지기 시작했다. 난폭함이 극에 달한 왕은 황당하게도 초상화를 그린 화가들을 한 명씩 처형하기에 이르렀다. 세월이 흐르면서 왕의 초상화는 국가의 큰 재앙이 되고 말았다. 그러던 어느 날, 창의적인 화가의 등장으로 엄청난 재앙은 사라지게 되었다. 이 화가가 그린 그림은 왕의 측면 초상화였다. 오른쪽으로 근엄하게 돌아앉은 용맹한 눈빛의 왕을 표현한 것이다.

　상식에 의존하지 않고 자신의 참신하고 새로운 아이디어를 이끌어내는 방법은 바로 끝없이 질문하는 것이다. 스스로 질문해야만 뇌는 창의적인 생각들을 하기 시작한다. 이 창의적인 화가는 끊임없이 질문을 해보았다. '어떻게 하면 왕의 콤플렉스를 없앨 수 있을까? 반드시 초상화는 얼굴의 정면을 그려야만 하는가?'하고 말이다. 질문할 수 있다는 것은 뇌가 스스로 생각하고 판단할 수 있는 환경을 만들어준다는 의미다. 그래서 창의적인 인재의 핵심은 바로 질문하는 능력에 있다고 해도 과언이 아니다. 할 수 있는 쉬운 방법으로 사물을 보는 관점을 바꿔보는 것이다. '내가 애꾸눈을 가진 왕이라면?', '내가 이 회사의 사장이라면?' 이런 다양한 가설을 세워 스스로 질문해보면 다양한 생각들이 떠오르고 기발한 아이디어가 떠오를 수 있다.

창의성의 핵심은
통찰이다

우리말에 '척 보면 안다'는 말이 있다. 여기서 '척'이란 표현이 바로 '통찰력洞察力'을 의미한다. 통찰력이란 어떤 상황이나 사물을 꿰뚫어보는 것을 말한다. 단편적인 관점이 아니라 전체적인 관점에서 판단하는 능력이다. 통찰력이 뛰어난 한 의사의 이야기를 들어보자.

어떤 남자가 의사 선생님을 찾아갔다. 이 남자는 자기 손가락으로 자기 몸을 누르며 이렇게 말했다.

"의사 선생님. 배를 눌러도 너무 아프고, 가슴 쪽을 눌러도 너무 아프고, 다리를 눌러봐도 너무 아파요. 제 몸에 큰일이 생긴 것 같아요.”

그러자 의사가 차분하게 관찰하다가 이렇게 말했다.

“네, 손가락 골절입니다.”

이번엔 허리가 심하게 굽은 한 할머니가 의사 선생님을 찾아갔다. 의사 선생님은 이 할머니를 잠시 뚫어지게 관찰하다가 처방을 내렸다. 그러자 단 몇 분 만에 할머니가 허리를 펴고 나오는 것이 아닌가! 대기실에서 기다리던 아들이 깜짝 놀라서 물었다.

“아니, 이게 도대체 어떻게 된 일입니까?”

그러자 할머니가 웃으면서 대답했다.

“응, 의사가 긴 지팡이를 주더구나!”

창의성을 키워주는 아주 특별한 힘, 통찰력

사람들은 자신의 기억, 지식 등을 기반으로 나름대로의 편집과정을 거쳐 사물을 바라본다. 보고 싶은 것만 보고, 듣고 싶은 것만 듣는다는 말이다. 그러나 통찰력은 이런 선입견이나 편견 없이 상황이나 사물을 있는 그대로 바라보는 것을 의미한다. 창의성을 기르기 위해서는 사물과 상황을 올바르게 판단할 수 있는 통찰력을 길러야 한다.

마크 주커버그 페이스북 CEO는 영국 BBC와의 인터뷰에서 이제껏

제일 큰 유혹은 야후가 10억 달러를 제시하면서 페이스북을 넘기라고 할 때였다고 말했다. 회사의 가치를 전혀 모르는 상황이어서 주변에서는 그 돈을 받고 페이스북을 팔라는 의견이 지배적이었다고 한다. 그러나 마크 주커버그는 야후의 제의를 거절했다. 그 후 페이스북의 시가총액은 수천억 달러에 이르게 된다. 만약 야후가 제시한 10억 달러라는 기회를 잡았다면 지금의 페이스북은 존재하지 않았을 것이다. 눈앞에 보이는 작은 기회에 집착하면 그 뒤에 숨어있는 큰 기회를 놓치기 쉽다. 이처럼 통찰력이란 지금 보이는 것 이면의 모습을 바라볼 수 있는 능력이다.

통찰력을 발휘하게 도와주는 능력으로 '메타포Metaphor'라는 것이 있다. 메타포는 표현하고자 하는 어떤 대상을 다른 대상에 빗대어 설명하는 은유적인 표현으로 '수사학修辭學'의 한 종류이다. 수사학은 그리스 로마의 정치 연설이나 법정에서처럼 다른 사람을 설득하는 데 영향을 미치는 언어기법을 연구하는 학문이다. 메타포를 자유자재로 활용하는 능력은 창의적인 아이디어를 내는 사람들의 특징 중 하나이다. 다양한 관점에서 성격이 다른 사물이나 상황을 다른 것에 연결하고 조합하는 능력이 메타포의 큰 장점이다.

삼국지에 등장하는 조조는 뛰어난 전략가이자 메타포의 대가였다. 조조가 표현하는 메타포는 난해하여 이해하는 사람이 드물었다. 하지만 참모인 양수라는 인물은 조조의 메타포를 이해하는 유일한 사람이었다. 어느 날 조조는 부하들에게 정원을 만들라고 지시했다. 정원이

완성되자 이를 보러온 조조가 입구 문에 '활活'이라는 글자를 썼다. 다른 사람들은 그 뜻을 몰랐지만, 양수는 이해했다. 그리고 이렇게 말했다. "문에 활活이라는 글자가 있으니 '넓을 활闊'이 아닌가? 조조께서 문이 넓다고 한 것이니 문을 작게 만드시오."

　이처럼 메타포를 자유롭게 구사하려면 하나의 이미지에 다른 이미지를 불러낼 수 있어야 한다. 연상할 수 있는 능력이 필요한 이유다. 위대한 과학자나 발명가일수록 자신의 생각이나 아이디어를 이미지나 그림으로 표현하는 경우가 많다. 논리적이고 이성적으로만 접근하지 말고 상상력을 동원해 상상하는 것을 이미지나 그림으로 표현해보자. 논리적인 말이나 이성적인 글로 표현하는 것보다 다양하고 놀랄만한 아이디어가 떠오를 것이다. 생각에 생각이 꼬리를 물고 이미지나 그림으로 표현하게 되면 창의적인 아이디어가 발휘된다.

　창의적인 사람들은 호기심이 많고 다른 사람의 삶에 관심도 크다. 관찰하는 것을 좋아하며 그 과정에서 참신한 아이디어를 얻는다. 관찰은 사람들이 무슨 일을 하는지, 어떻게 행동하는지 바라보는 것이다. 사람들뿐 아니라 기업들도 논리적이고 체계적인 관찰을 통해 통찰력을 얻으려 노력한다. 미국의 디자인 기업인 아이디오의 디자이너들은 사람들의 행동을 세밀하게 관찰하면서 다양한 아이디어를 얻는 것으로 유명하다. 오랄 비Oral B의 어린이 칫솔을 디자인할 때의 일이다. 다른 기업들은 어린이 칫솔을 만들 때 주로 디자인에 신경을 많이 쓴 결과 아이들의 작은 손만 생각하고 칫솔의 손잡이를 작고 얇게 만들었다. 반면에 아이디오의 디자이너들은 아이들이 칫솔질할 때의 모습을 열심히 관찰한 후 아이들이 칫솔질을 할 때 칫솔의 손잡이가 얇고 작아 손가락으로 잡는다기보다는 주먹 쥐듯이 칫솔을 잡는다는 사실을 발견했다. 이 사실을 토대로 칫솔의 손잡이를 두툼하게 디자인했다. 두툼한 손잡이의 칫솔로 아이들은 편하게 양치질을 할 수 있게 되었다고 한다. 꾸준한 관찰이 통찰력을 이끌어낸 것이다. 이렇듯 사소한 단서만으로도 미래의 변화를 읽어낼 수 있는 능력이 바로 통찰력이다.

변화와 혁신을 이끌어주는 관찰의 힘

"침대는 과학이다."

"바나나는 원래 하얗다."

이 광고 문구를 기억하는가? 침대를 열심히 관찰한 결과 가구가 아닌 과학적인 측면에서 바라보았던 광고. 다른 바나나 우유는 모두 노란색이었다. 하지만 노란색은 바나나의 껍질이고 바나나 속은 흰색이라는 광고. 다른 제품과 달리 색소도 사용하지 않는다는 점까지 홍보한 기발한 발상이었다. 관찰의 힘이란 이렇듯 놀라운 능력을 보여준다.

어떤 남자가 어느 호텔을 두 번째로 방문했을 때의 일이다. 호텔로 들어와서 프런트에서 직원에게 체크인을 하려는데, 직원이 그를 바로 알아본 것이다. 참 기억력이 대단한 직원이라 생각했다. 이후 세 번째 방문했을 때도 자신을 알아본 직원이 너무 신기했다. 이 남자는 궁금증을 참지 못하고 이 직원에게 물어보았다. "어떻게 내가 지난번에 왔던 손님이란 것을 아는 겁니까?" 그러자 이 직원은 의외의 대답을 했다. 호텔 측과 택시회사 간의 모종의 거래를 하고 있다는 것이다. 택시기사가 공항에서 호텔로 가는 손님을 태우면서 이 호텔에 전에도 묵은 적이 있는지 물어본다는 것이다. 호텔에 도착하면 기사가 손님의 짐을 프런트 앞에 놓을 때 손님이 이전에도 왔으면 데스크 오른쪽에 놓고, 처음 온 손님이면 왼쪽에 놓는다. 이런 서비스에 대한 대가로 호텔 측에서 택시기사들에게 작은 수고비를 준다고 한다. 이런 뛰어난 아이디어는 평범한 삶을 새로운 관점으로 바라보는 관찰의 힘에서 시작된다. 창의적인 사람들은 평범함을 심오함으로 바꾸는 능력을 가졌다. 평범한 사물과 상황을 바라보면서 참신한 발상을 할 수 있는 능력이 바로 관찰력이다. 역사적으로 살펴봐도 창의성이나 변화와 혁신은 몇몇 천재들의 탁월한 능력에서 비롯된 것이 아니다. 우리가 바라보는 평범한 일상을 새로운 관점으로 바라보는 관찰의 힘에서 시작된다. 로버트 루트번스타인은 저서 《생각의 탄생》에서 창의적인 사람들의 특징을 '평범함으로 심오함을 만들어내는 능력'이라고 말했다. 평범함 속에서 새롭고 독창적인 발상을 할 수 있는 능력이 바로 관찰의 힘이라는 것이다.

　창의적으로 조직을 관리해야 하는 리더들에게도 관찰의 힘은 필수적이다. 수많은 제자들을 거느렸던 공자 리더십의 핵심에도 제자들에 대한 관찰력의 중요성이 강조된다. 공자는 같은 질문이라 할지라도 각각의 제자에게 다양한 답변을 했던 것으로 유명하다. 예를 들어 성격이 급한 제자에게는 차분하게 처신하라는 조언을 했다. 행동이 느린 제자에게는 주도적인 실행력을 요구했다. 이렇듯 공자는 제자 하나하나를 관찰하여 그에 맞는 조언을 해주었던 것이다. 반복된 일상 속에서 독창성과 창의성은 나오지 않는다. 늘 사람들의 일상을 관찰하고 꼼꼼히 기록해야만 새로운 시각으로 세상을 바라볼 수 있다. 새로운 시각과 관점으로 일상을 관찰해보는 힘을 통해 독창성과 창의성이 발휘되는 것이다.

영국의 버진그룹 리처드 브랜슨 회장의 첫 사업은 학생들에게 잡지를 파는 일이었다. 그는 학생들이 잡지를 사는 데는 돈을 별로 안 쓰지만 음반에는 엄청난 돈을 쓴다는 것을 관찰을 통해 알 수 있었다. 그래서 음반을 싼값에 대량으로 사놓고 잡지와 음반을 함께 팔면서 할인하는 전략으로 사업을 키웠다. 애플이 '아이폰'을 만든 것도 사람들이 휴대전화에 관심이 많다는 것을 관찰한 결과다. 삼성이 '갤럭시 노트'를 만든 것도 사람들이 휴대전화와 수첩을 따로따로 들고 다닌다는 행동을 관찰해왔기 때문이다. 새로운 관점으로 일상을 바라보는 관찰력은 변화와 혁신의 원동력이 된다. 통찰력은 어느 날 갑자기 찾아오는 게 아니다. 평소 일상의 삶 속에서 꾸준히 관찰하고 생각해야 얻어진다. 늘 다양한 관점에서 상황을 관찰하고 새로운 생각이나 개념을 찾아내 통찰력을 길러보자.

관심과 배려를 실천하면 통찰력이 보인다

한 나무꾼이 있었다. 나무꾼은 도끼로 나무를 베는 것이 너무 힘들었다. 친구를 찾아가 고민을 털어놓았다. 그러자 친구는 나무꾼에게 같은 시간에 도끼보다 10배나 더 많은 나무를 자를 수 있는 방법이 있다고 말했다. 나무꾼은 너무나 기뻐했다. 친구는 그에게 전기톱을 소개해준 것이다. 나무꾼은 전기톱을 파는 가게를 찾아가 바로 구입했다. 전기톱을 산 지 얼마 안 되어 나무꾼은 가게 주인을 찾아가 화를 냈다. 전기톱이나 도끼나 나무 베는데 똑같은 시간이 걸린다는 것이다. 이상하게 여긴 가게 주인이 전기톱을 확인해보려고 끈을 당겨 기계에 시동을 걸었다. 이것을 본 나무꾼이 말했다.
"아, 여기 이런 끈도 있었군."

벌목꾼들이 힘들게 나무 베는 모습이 안타까워 만들어진 전기톱. 조그만 바늘에 실을 꿰느라 고생하는 사람들을 도와주려는 마음에서 제작된 '재봉틀sewing machine'. 재봉틀은 원래 프랑스에서 만들었지만 미국에서 특허를 내고 생산한 바느질하는 기계다. 전기톱이나 재봉틀처럼 타인들의 어려움을 발견하고 관심과 배려하는 마음에서 출발한 아이디어들이 많다. 미국의 심리학자였던 프랭크 에스콘은 아내의 지독한 흡연 습관을 고쳐주고자 금연 패치를 만들었다. 그는 아내가 하루 종일 줄담배를 피우는 모습을 보고 어떻게 하면 담배를 끊게 만들 수 있을까를 고민했다. 그는 아내가 흡연하는 모습을 자세히 관찰했다. 니코틴을 피부 속에 넣어준다면 담배 피우려는 마음이 안 나지 않을까 생각했다. 그리고 주입하는 니코틴 양을 서서히 줄인다면 금연에 성공할 것이라 생각했다. 이때 귀에 붙이는 멀미약 '스코폴라민 패치'를 떠올렸다. 그 후 우리가 알고 있는 금연 패치를 개발하게 된다. 프랭크 에스콘은 금연 패치로 갑자기 돈 방석에 앉게 되어 기뻤다. 하지만 그가 가장 기뻤던 사실은 30년간 흡연을 해오던 아내가 담배를 끊고 건강을 되찾게 된 것이다. 누군가를 향한 관심과 배려로 탄생한 행복한 발명품이었다.

사람에 대한 관심과 배려뿐만 아니라 애완동물에 대한 관심과 배려로 탄생한 아이디어도 있다. "당신이 외출한 다음 홀로 남겨진 반려견에 대해 생각해보셨나요?" 애완견을 위한 방송이란 타이틀을 내건 '도그 dog TV'의 홍보 문구다. 2013년 말 국내에서 처음 소개된 이 채널은 애완견의 입장에서 바라보며 그들의 눈높이에 딱 맞춘 방송이다. 이 방송은 실제 개의 시각과 청각을 반영한 과학적인 연구 결과를 바탕으로 제작되었다. 실제 개들이 자연을 벗 삼아 자유롭게 뛰노는 장면, 주인과 함께 산책하는 모습들을 영상으로 담은 방송이다.

위스콘신대학교 경영대학원 에번 폴먼 교수 연구팀은 타인을 배려하는 사람들이 자신을 위하는 사람들보다 더 창의적이라는 연구 결과를 발표했다. 이 연구팀은 실험 참가자들에게 옥탑방에 갇혔을 때 어떻게 탈출하겠느냐와 같은 창의성에 관련된 문제들을 풀도록 했다. 실험 참가자들을 두 그룹으로 나누어 다른 지시를 내렸다. 한 그룹은 문제만 풀도록 지시했고, 다른 그룹은 타인을 위해 그 문제를 해결한다는 생각을 하면서 문제를 풀게 했다. 실험 결과, 타인을 생각하며 문제를 해결하는 그룹에서 자신만을 위해 문제를 해결하려는 그룹보다 발상 전환과 창의적인 아이디어가 많이 나왔다. 이와 마찬가지로 미국 코넬대학교 잭 곤칼로 교수 연구팀도 '새로운 것을 만들라'고 지시하는 것보다는 '무언가 사람들이 요긴하게 쓸 만한 것을 만들라'고 말하는 것이 더 바람직하다고 했다.

창의성은 어느 날 갑자기 찾아오는 것이 아니다. 늘 다양한 관점에서 상황을 관찰하고 누군가를 위한 마음에서 창의적인 발상은 시작된다. 평소 타인을 위한 관심과 배려를 실천하면 즐겁고 행복한 삶을 영위할 수 있다. 이런 사람들은 인생을 살아가면서 어떤 위기와 시련이 닥쳐도 쉽게 쓰러지지 않는다. 미국의 심리학자이자 긍정심리학의 선구자인 미하이 칙센트미하이는 저서 《몰입Flow》에서 창의적인 삶을 사는 것이 왜 중요한지에 대해 이렇게 말했다.

"창의성이 명성이나 부를 가져오지는 못할지라도, 개인의 입장에서 볼 때 훨씬 더 의미 있는 삶을 만들어준다. 즉 창의성은 우리의 하루하루를 더 활기차고 즐겁고 보람차게 해준다. 우리가 창의적으로 살 수 있다면, 권태는 사라지고 매 순간 신선한 발견을 하리라는 희망이 가득하게 된다. 이러한 발견이 개인의 삶을 넘어 세상을 풍요롭게 만들든 못하든 상관없이, 창의적으로 산다는 것은 우리를 발전의 과정으로 인도한다."

　창의적인 아이디어를 생각하거나 창조적인 활동을 하게 되면 우리의 몸에도 유익하다. 우리의 뇌 속에는 행복감을 주는 '세로토닌'과 '도파민'이란 호르몬이 있다. 이 호르몬들은 우리가 더 창의성을 발휘할 수 있도록 도와준다. 이 호르몬들을 잘 관리하는 사람은 늘 긍정적이고 행복한 기분이 지속된다. 세로토닌은 행복의 감정을 느끼게 해주기 때문에 '행복 호르몬happiness hormone'이라고도 부른다. 세로토닌은 기분을 조절할 뿐만 아니라, 식욕이나 수면 등 다양한 분야에 영향을 준다. 우리의 사고 기능에도 영향을 미치기 때문에 기억력이나 학습에도 도움을 준다. 세로토닌이 부족하게 되면 불안하고 우울해진다. 세로토닌이 충분해야 잠도 잘 오고, 숙면을 취해야 기억력과 창의성도 좋아진다. 건강과 함께 창의성을 발휘하려면 세로토닌이 지속적으로 활성화될 수 있도록 낮에는 햇빛을 충분히 쐬고, 적당한 운동과 산책을 생활화하는 것이 중요하다.

　다른 사람에 대한 관심과 배려를 몸소 실천하려면 상대를 자세히 관찰하게 된다. 그러다 보면 통찰력이 생겨 창의적인 발상을 할 수 있게 된다. 이런 창의적인 아이디어를 하는 동안 우리의 몸도 건강해지고 마음도 행복해진다.

초연결시대의
창의력은 '융합'이다

100% 새로운 것이란 없다.

빗을 생산하는 공장에 4명의 영업사원이 있었다. 사장은 이들에게 절에 가서 스님들에게 빗을 팔 것을 지시했다. 똑같은 상황에서 4명의 영업사원이 취한 행동은 다양했다. 첫 번째 영업사원은 빈손으로 돌아와서 절에 있는 스님들은 모두 빡빡머리여서 빗이 필요 없더라고 했다. 두 번째 영업사원은 수십 자루를 팔고 왔다. 스님들이 비록 빡빡머리이긴 하나 수시로 머리를 빗으로 눌러주면 혈액 순환이 잘 되어 장수할 수 있다고 설득시켰다는 것이다. 세 번째 영업사원은 수완이 더 좋았는데 단번에 몇 백 자루나 팔았다. 그는 주지스님에게 참배객들이 향을 태우다보면 머리에 향의 재가 가득 묻게 된다고 했다. 이때 절에서 빗을 준비해두었다가 그들에게 주면 참배객들은 고맙게 생각하며 더 자주 절을 찾을 것이라 했다는 것이다. 네 번째 영업사원은 대량 주문을 받아서 돌아왔다. 그는 참배객들에게 빗을 기념품으로 판매하자고 했다. 빗의 한 면에는 참배객들이 좋아하는 연꽃을 새겨 넣고 다른 한 면은 '길선吉善빗'이라 새겨 넣으면 절의 이미지도 좋아지고 재정에도 도움이 될 것이라 설득했다는 것이다.

영업사원들은 모두 똑같은 상황이었다. 첫 번째 영업사원은 '빗은 머리 빗는 도구'라는 생각에서 벗어나지 못했다. 그래서 빗을 하나도 팔지 못했다. 두 번째 영업사원은 빗을 '혈액순환에 도움이 되는 기구'라고 생각을 확장했다. 그래서 수십 자루를 팔 수 있었다. 세 번째 영업사원은 빗을 이용하는 주체를 '스님'에서 '참배객'으로 확장했다. 그래서 수백 자루를 팔 수 있었다. 네 번째 영업사원은 '빗은 머리를 빗는 도구'라는 관점에서 완전히 벗어나 '빗은 절에서 판매할 수 있는 의미 있는 기념품'이라는 새로운 관점으로 전환했다. 그래서 대량 주문을 받을 수 있었다. 세 명의 영업사원은 창의적으로 사고했으며, 모두 다른 방식으로 행동했기에 판매 결과도 달랐다. 결과는 달랐지만 세 명 모두 빗을 팔기 위해 다양한 관점에서 절의 상황을 관찰하여 새로운 아이디어를 찾아낸 것은 같다.

피카소는 우리가 상상하는 모든 것은 거의 현실이라고 했다. 그만큼 창의성이란 전혀 새로운 어떤 것에서 탄생하는 것이 아니라 우리의 일상생활 곳곳에서 나온다는 것을 뜻한다. 실제로 피카소의 유명한 작품 〈황소 머리〉는 우연히 버려진 자전거를 발견해 안장과 핸들을 떼서 만든 작품이다. 고철 덩어리나 다름없는 낡은 자전거의 안장을 떼다가 핸들을 거꾸로 붙인 이 작품은 런던경매장에서 300억 원이라는 거액에 낙찰된다. 사람들 눈에는 그저 평범하게만 보이는 것에서 새로운 가치를 찾아내는 것, 이것이 바로 창의성이다. 피카소는 "나는 찾지 않는다. 다만 있는 것 중에서 발견할 뿐이다."라는 말을 남겼다. 또한 고대 그리스 철학자 헤라클레이토스는 서로 전혀 다른 것처럼 보이는 것들을 하나로 조합했을 때 비로소 최고의 조화가 태어난다고 했다.

"창의성은 여러 가지 것들을 단순히 연결하는 것이다. 창의적인 사람들에게 어떻게 중요한 일을 했는지 물으면, 대다수가 약간의 죄책감을 느낀다. 그들은 실제로 그 일을 하지 않았으며 그저 뭔가를 보았을 뿐이기 때문이다. 그들에겐 과거의 경험들을 연결해 새로운 것을 조합해 낼 수 있는 능력이 있었던 것이다. 그것이 가능했던 이유는 그들이 다른 사람들보다 더 많은 경험을 쌓았거나 아니면 자신의 경험에 대해 더 많은 생각을 했기 때문이다."

이 말은 와이어드Wired와의 인터뷰에서 스티브 잡스가 창의성에 대해 한 말이다. 스티브 잡스의 말처럼 창의적인 사고가 반드시 새로울 필요는 없다. 원래 있던 것에서 조금만 생각을 바꾸고 아이디어를 더하기만 해도 훌륭한 창의성을 발휘할 수 있다. 농업 부문에서도 이런 창의성을 발휘한 좋은 사례가 있다.

전북 임실 치즈마을은 목축업을 통해 우유를 생산하는 일에만 치중해왔다. 하지만 창의적인 생각을 바탕으로 치즈도 생산하기 시작했고, 이를 체험할 수 있는 관광코스도 개발하는 등 다양한 활동을 하고 있다. 한때 누에고치를 이용해 비단을 짜는 잠사생산만 했었던 양잠산업은 창의적인 상상력을 바탕으로 기능성 식품과 형광누에를 생산했으며, 나아가 인공뼈 등의 의료용 소재를 만드는 기능성 바이오산업으로 발전하고 있는 중이다.

일본 도쿠시마 현에 위치한 가미카쓰라는 마을은 산림으로 둘러싸인 작은 두메산골이다. 다른 나라로부터 값싼 목재들이 들어오면서 주민들의 유일한 생계수단이었던 임업이 위기를 맞았다. 마을의 젊은 사람들은 한 푼이라도 더 벌기 위해 정든 고향을 떠났고, 결국 마을에는 나이 들고 몸이 약해진 노인들만 남게 되었다. 극심한 인구 감소와 고령화현상은 나날이 심해져서 결국 폐촌의 위기까지 감돌았다. 이런 위기 속에서도 꿋꿋하게 견딘 마을에 놀라운 변화가 생겼다. 연간 40억 원을 벌어들이는 부자 마을로 바뀌었으며, 노인들만 살고 있던 이 마을로 타지의 젊은이들이 일자리를 구하러 찾아오기까지 했다. 게다가 해외 관광객들의 발걸음이 끊이지 않는다. 과연 이 마을에 무슨 일이 벌어진 것일까?

가미카쓰 마을을 '놀라운 기적의 마을'로 만들어준 것은 바로 나뭇잎이었다. 어느 날 농업협동조합의 한 직원이 아주 독특한 아이디어를 내놓았다. 마을 주민들이 나뭇잎을 따서 음식점에 팔자는 아이디어였다.

오사카의 한 초밥 집에서 음식에 딸려 나온 낙엽을 손수건에 곱게 싸서 가방에 넣는 여대생을 보고 떠올린 아이디어라고 했다. 나뭇잎을 팔아 돈을 벌자는 황당한 아이디어를 처음 접한 마을 사람들은 그를 비웃었다. 누가 거리에 널려있는 흔한 나뭇잎을 돈을 주고 사겠느냐는 것이었다. 하지만 이 농협 직원은 포기하지 않고 발품을 팔아 전국의 음식점들마다 나뭇잎의 수요가 얼마나 되는지 조사했다. 그리고 마을 주민들을 설득해 결국 '나뭇잎 사업'을 시작했다. '이로도리'라는 기업을 세워 고급 요리용 장식 소재로 쓰이는 나뭇잎인 소나무와 동백나무 잎을 팔기 시작했다. 처음에는 고전했지만, 음식점 특성에 따른 맞춤형 제품을 내놓으면서 수요는 조금씩 늘어났다. 점점 더 많은 주민들이 나뭇잎 따기에 나서며 사업은 번창했다. 울창하고 아름다운 숲으로 둘러싸인 이 마을에서 나뭇잎은 쉽게 구할 수 있었다. 이것이 바로 이 마을의 강점이었다. 그러나 농협 직원이 그 가치에 주목하기 전까지는 아무도 거들떠보지 않았다. 자신이 생활하는 삶의 터전에서 쉽게 지나칠 수 있었던 숨은 장점을 발견한 덕분에 커다란 변화가 일어났던 것이다.

사소하거나 흔하다는 이유로 외면당하고 있는 것들이 우리 주변에는 많다. 하지만 새로운 시선으로 바라보면 그 안에서 무한한 상상력과 창의성이 발휘될 수 있다. 초밥 요리에 쓰이는 나뭇잎만을 특화해 도쿄 긴자의 유명 음식점에 독점 공급하며 전국적인 명성을 얻고 있는 가미카쓰 마을처럼 말이다.

연결과 융합, 해체와 분석으로 창의성을 발휘하라

이제는 정말로 기발한 아이디어나 상품들은 어느 정도 포화 상태에 다다랐다. 익숙함과 평범함 속에 숨어 있던 사람들의 욕구를 찾아내는 것이 더 중요해졌다. 그래서 늘 봐오던 것에 다른 어떤 것을 연결해서 새로운 하나의 의미를 부여하는 것이 필요하다. 하나의 예로, 2014년 대한민국을 달리기 시작한 귀여운 버스, 타요 버스는 단숨에 아이들은 물론 어른들의 시선까지 사로잡았다. 시내버스에 애니메이션 〈꼬마버스 타요〉의 캐릭터로 만들어낸 버스는 서울시가 대중교통의 날을 기념해 시행한 타요 버스 캠페인으로 시작해 처음엔 4대만 운영하려 했지만, 인기가 많아 지금은 몇 백 대가 서울 도심을 질주하고 있다. 타요 버스 캠페인은 엄청난 아이디어도 아니고, 창의적인 발명품도 아니다. 유치원 버스처럼 단지 흔한 시내버스에 아이들이 좋아하는 캐릭터를 연결한 아이디어였던 것이다.

우리가 사는 세상은 바야흐로 융합融合의 시대라고 할 수 있다. 융합이란 하나로 합치거나 경계가 무너지면서 사실상 하나가 된다는 포괄적 의미를 갖고 있다. 또한 이종 제품 간, 비즈니스 모델 간의 결합을 의미하기도 한다. 세계 최대의 가전 쇼 '2014 CES'의 키워드도 바로 '연결과 융합'이었다. 지금은 IT제품은 물론 생활가전, 자동차에 이르기까지 여기저기서 골고루 서로 섞고 합치고 있다. 우리가 먹는 음식에까지 짬짜면, 짜파구리가 나오는 걸 보니 실생활에서도 융합하려는 현상이 널리 퍼져있다는 것을 알 수 있다.

중세시대 메디치Medici 가문은 피렌체로 세상의 온갖 창의적인 사람들을 불러들였다. 서로 다른 재능과 지식을 갖춘 예술가, 과학자, 시인, 철학자, 건축가들을 초청해 서로 교류하도록 했다. 남다른 재능을 가진 사람들이 서로 소통함으로써 창조와 혁신의 르네상스가 탄생했다. 경영 컨설턴트인 프란스 요한손은 그의 저서《메디치 효과Medici effect》에서 각기 다른 영역과 배경, 전문성을 지닌 사람들이 각자의 생각을 공유할 때 혁신 활동이 활발해진다고 말했다. 또한 메디치 가문의 예처럼 이질적 역량이 융합되면 창조와 혁신의 빅뱅이 일어날 수 있다고 했다. 그리고 다양한 분야에서 각양각색의 사람들이 잘 융합될 때 최고의 창의성이 발휘된다고 주장했다.

창의성이 어떻게 생겨나는지 알아보는 실용적인 방법 중에 하나로 '리버스 엔지니어링Reverse Engineering'이란 과정이 있다. 다른 말로 '역설계 과정'이라 한다. 이것은 어떤 장치나 시스템을 분석하기 위한 과정이다. 즉 훌륭한 프로그램이나 신제품이 나오면 그것이 어떻게 만들어졌는지 알아내기 위해 완성품을 해체해서 분석하는 기술이다. 그래서 새로운 제품을 만드는 데 참고한다.

어느 초등학교에서 미술 선생님이 초등학생들에게 말했다.

"여러분! 미술 시간이에요. 오늘은 목장 풍경을 한번 그려 보세요!"

그러자 아이들이 일제히 "네" 하고 소리를 질렀다. 선생님이 돌아다니

면서 아이들 그림을 보고는 칭찬을 해주었다. 그러다 한 아이의 자리
에 간 선생님은 깜짝 놀랐다. 왜냐하면 그 아이의 도화지는 백지 상태
그대로였기 때문이다. 선생님이 당황하며 물었다. 그러자 이 초등학
생은 리버스 엔지니어링의 방식으로 재미있게 답변했다.

"넌 어떤 그림을 그린 거니?"

"풀을 뜯는 소의 그림이요."

"그런데 풀은 어디 있니?"

"소가 다 먹었어요."

"그럼 소는?"

그러자 그 아이가 대답했다.

"선생님도 참! 소가 풀을 다 먹었는데 거기 있겠어요?"

이 초등학생의 대답이 바로 역설계 과정을 표현한 것이다. 완성품인
백지 상태의 도화지가 어떻게 그려진 것인지를 말하기 위해 소가 풀을
뜯어 먹은 모든 과정을 반대의 순서로 설명하고 있다. 역설계 과정이
가능하려면 분석 가능한 것이어야 한다. 신제품에는 완전히 새롭고 신
비로운 기술이 포함되어 있는 것이 아니라는 뜻이다. 누구나 알 수 있
는 기술이 사용되었지만 새로운 조합이 신비로운 가치를 만들어낸다.
창의성 또한 지금의 상태를 조금 더 새롭게 조합하여 새로운 가치를 창
출하는 것이다.

융합과 통섭의 시대, 다양성과 열린 사고가 필수

서울대 아시아연구소가 발표한 국가별 종합 창의지수를 보면, 우리 국민의 종합 창의지수는 세계 21위다. 반면 캐나다 토론토대학교와 미국 코넬대학교에서 발표한 국가별 다양성 순위에 따르면 우리는 62위로 뚝 떨어지고 만다. 토론토대학교 연구팀은 창조성을 결정하는 세 가지 요소로 기술, 재능, 다양성을 선정했다. 다양성이란 생각이나 가치관이 다른 사람을 사회적으로 얼마나 포용해주느냐를 나타내주는 지표다. 즉, 사회적 소수자, 문화적 다양성에 대한 거부감이 없고 개방적일수록 창의적이라는 의미다. 그렇다면 우리나라는 왜 이렇게 낮은 다양성 지수 순위를 나타내는 것일까? 우리의 창의성이 높은 수준임에 비해 많은 국민들이 다른 사람들의 다양성을 인정하지 않기 때문이다. 이유를 불문하고 복종을 강요하는 군대식 문화가 아직도 학계, 공공기관, 기업 등에 널리 퍼져 있어 다양한 의견과 견해를 방해하고 있다는 것이다. 다양성을 인정하지 않는 사회에서는 아무리 똑똑한 사람들이 많더라도 서로 비슷비슷한 아이디어를 내게 될 뿐이다. 비록 아이디어의 양이 적더라도 서로 다른 각양각색의 아이디어를 제시해주어야 전체적인 아이디어의 크기도 늘어나는 것이다.

영국 경영학자 메러디스 벨빈은 《팀 경영의 성공과 실패》라는 책에서 '아폴로 신드롬'이라는 현상을 발표했다. 아폴로 신드롬이란 뛰어난 인재들이 모인 집단이 예상외로 더 낮은 성과를 보이는 현상을 말한다.

메러디스 벨빈의 연구팀은 두뇌가 명석한 사람들을 팀으로 구성해서 '아폴로 팀'이라 이름 붙였다. 25개의 아폴로 팀을 만들어 평범한 팀들과의 경영 게임을 벌였다. 그런데 성과를 낸 팀은 겨우 3개 팀이었다. 이런 현상이 벌어진 이유는 서로가 자기 자신만이 똑똑하다고 여기고 상대의 의견에 귀를 기울이지 않았기 때문이다. 각자의 다양성을 무시한 결과다. 오히려 일반 팀들의 성과가 더 뛰어났다. 팀워크가 좋았기 때문이다. 뛰어난 인재집단보다는 다양한 사람들이 각자의 역할과 책임을 다할 때 가장 큰 성과가 발휘된다. 내가 먼저 열린 사고를 하고 서로의 다름을 인정하는 것이 중요한 이유다.

미래는 '창재'들이 만들어내는 '창직' 사회이다

이제는 창의적인 인재, '창재創材'들이 날개를 펴는 세상이 도래한다. 앞으로의 세상은 자신만의 독특성이나 기발한 아이디어가 중요해지기 때문이다. 자동화된 스마트 디지털 기술의 발달로 상상력과 창의성을 지닌 창의적인 인재들의 수요는 증가하고 있다.

구글이 세계 최고의 미래학자로 선정한 토마스 프레이라는 사람이 있다. 미국 다빈치연구소의 소장으로 근무하는 토마스 프레이는 2030년이 되면 지금 존재하는 일자리의 절반이 사라질 것이라고 예측한다. 게다가 현재의 직업 중 80% 이상이 사라지거나 진화할 것이라고 말했다. 무섭게 변화하고 있는 지금의 속도를 생각해보면 맞는 말이기도 하다. 까마득할 것이라 생각했던 무인 자동차가 나오기 시작했다. 신기하기만 했던 드론이 장난감, 촬영용 등으로 실생활에 사용되고 있는 것도 이상하지 않다. 직업은 생겼다가 없어지기를 반복한다. 타자수, 버스 안내양 등의 직업은 어느 순간 갑자기 사라졌다. 프로게이머, 웹툰 작가 등의 직업처럼 갑자기 생겨났지만 늘 있었던 것 같은 직업들도 있다. 평생 인기가 있을 것만 같았던 소위 '사'자 직업들, 변호사, 의사, 회계사 등도 예전 같지 않다. 다른 사람들과 똑같은 일자리, 다른 사람들이 좋다는 직업만 좇던 시절은 지나갔다. 이제는 일상생활 속에서 떠올린 참신한 아이디어로 새로운 일자리를 창출하는 세상이 다가왔다. 평생 직장의 개념은 사라지고 평생직무의 개념이 떠오르고 있다. 결국 내가 무엇을 잘하고 무슨 일이 내 적성에 잘 맞는지가 중요하다는 얘기다. 나에게 적합한 직무를 가지고 직업을 창출해 나가는 것이 바로 '창직創職'이다. 창직은 창업과는 다른 개념이다. 창의적인 아이디어를 통해 자기 스스로 기존에 없는 직업이나 직장을 새롭게 만드는 것이 창직이다. 특히 자신의 생각으로 자신의 능력과 적성을 판단하고 가장 적합한 직무를 만드는 창조적인 행위다. 예를 들면 커피 바리스타, 반려동물 장의사, 3D 프린팅 전문가 등이 있다. 앞으로의 미래 직업은 지금과는 판이하게 다른 양상을 보이게 될 것이다. 지금까지는 한 분야에서 오랜 기간 근무해 상당한 지식을 가진 사람을 전문가라 불러왔다. 하지만 이제는 자신의 가치를 극대화할 수 있고 융합과 소통 능력을 겸비한 사람이 전문가로 인정받을 것이다.

창의적인 인재였던 스티브 잡스는 무엇인가를 버리지 않으면 앞으로 나아갈 수 없다고 말했다. 그는 사람의 마음속에는 안정성과 편안함을 추구하는 마음도 있지만 변화하고 혁신하려는 기대감도 공존한다고 한다. 가장 위험한 상황은 늘 같은 자리에 머물면서 안전을 꿈꾸는 것이라고 경고했다. 그는 "창의성을 발휘하기 위해서는 자신을 되돌아갈 수 없는 극단적인 상황으로 몰아넣는 것이 필요하다. 그렇게 하면 전진하는 방법밖에는 남지 않는다."라는 멋진 표현을 썼다.

21세기가 진정으로 원하는 인재상은 '창재'다. 현재에 머무르려는 사람이 아니라 날마다 새로워지려 노력하는 사람이다. 변화의 두려움을 떨쳐버리고 작은 변화부터 시작해 다가오는 미래에 주도적으로 대비할 수 있는 창의적인 인재로 거듭나길 바란다.

감성이 무르익는 밤, 생각이 정리되는 고요한 아침, 몸과 마음이 정화되는 목욕시간,
뇌를 깨우는 회의, 자신을 위한 산책시간을 마련하여 당신 안에 잠든 창의력을 깨워보자.

Intro

　　국어 시간이었다. 국어 선생님이 평소 얼굴이 말처럼 길어 늘 마음에 안 들었던 학생에게 질문한다.

　"학생, 자네는 얼굴이 필요 이상으로 무척 길구먼. 혹시 학생은 머저리와 바보가 어떻게 다른지 아나?"

　선생님은 이 말을 들은 그 학생이 얼굴을 붉히고 화를 낼 줄 알았다. 그러나 학생은 태연하게 대답했다.

　"네, 선생님. 실례되는 질문을 하는 쪽이 머저리이고, 그런 말에 대답을 하는 쪽이 바보입니다."

수학 시간이었다. 초등학교 선생님이 학생에게 질문했다.

"숫자 8을 반으로 나누면 얼마가 되지?"

학생이 대답한다.

"가로로 말인가요? 세로로 말인가요?"

선생님이 물었다.

"그게 무슨 말이니?"

그러자 학생이 대답했다.

"세로로 나누면 3이 되고 가로로 나누면 0이 되니까요."

세상에는 창의적인 사람들이 참 많다. 이런 창의적인 사람들에게 창의성이 샘솟는 시간은 국어 시간일까? 아니면 수학 시간일까? 아니면 또 다른 어떤 시간일까?

창의적인 아이디어가 등장하는
감성이 무르익은 밤

별도 빛나고 생각도 빛나는 밤

사람들은 어느 때 가장 창의적인 아이디어가 떠오를까? 미국의 한 조사에 따르면 창의적인 사고를 하는 가장 좋은 조건을 '고독과 고요'라고 답했다. 가장 좋은 시간으로는 조용한 밤을 꼽았고, 그 다음으로 새벽 시간을 선택했다. 나 역시 조용한 밤에 머릿속이 유연해지고 창의성이 활발해져서 참신한 아이디어를 떠올린 경험이 있다. 그래서인지 20~30대에는 밤늦게까지 사무실에 혼자 남아서 일했던 경험이 많았던 것 같다. 낮에는 각종 업무에 시달리고 얽히고설킨 사람들과의 관계속에서 뇌는 바쁘게 움직일 수밖에 없다. 그러다 보니 창의적인 아이디어는 깊은 밤, 다른 사람들의 방해가 없는 고요라는 시간을 틈타 살며시 고개를 든다.

최근 런던 정치경제대학교 연구팀도 '아침형 인간'보다 '저녁형 인간'이 더 똑똑하고 능률적이란 결과를 발표했다. 저녁형 인간은 작가, 예술가, 발명가 등 창의적인 아이디어가 필요한 직업에 적합하다는 것이다. 마르셀 프루스트, 찰스 다윈, 에디슨, 엘비스 프레슬리 등이 대표적인 저녁형 인간이다. 뿐만 아니라 스페인 마드리드대학교 연구팀은 저녁형 인간이 아침형 인간보다 추리 능력이 더 뛰어나다는 연구 결과도 발표했다. 창의적인 아이디어는 늦은 밤, 누군가의 간섭과 방해가 없는 시간에 살그머니 찾아오기 쉽다. 그렇지만 저녁형 인간이라고 해서 아침형 인간보다 더 창의적이거나 더 기발한 아이디어를 내는 것은 아니다. 창의성을 발휘할 수 있는 가장 좋은 방법은 자신에게 가장 적합한 시간을 찾아 활용하는 것이다. 아침형 인간은 아침에 창의적인 활동을, 저녁형 인간은 저녁에 아이디어가 필요한 활동을 하거나 한낮에 가장 컨디션이 좋으면 그때 하면 된다. 중요한 것은 자신의 몸과 두뇌가 어떤 리듬에 잘 어울리는지를 파악하여 자신의 스케줄에 맞추는 것이다.

이 세상의 먼지를 가둔 사람, 스팽글러

진공청수기 외판원이 이딴 농가를 찾았다. 할머니가 문을 열자 외판원은 단도직입적으로 빠르게 말했다.

"할머니, 지금부터 제가 평생 못 잊을 것을 보여드리겠습니다. 제가 진공청소기로 바닥의 흙을 모두 빨아들이면 한 대 사시고요. 못하면 제가 이 흙을 다 먹어버리겠습니다!"

그러자 할머니는 외판원을 바라보다가 부엌으로 가더니 숟가락을 하나 가져왔다.

"먹으려면 먹게나, 젊은이. 여긴 전기가 안 들어온다네!"

아무도 없는 한밤중에 생각하는 것을 좋아했고 그때 떠오른 아이디어 하나로 세상에 이름을 알린 사람이 있다. 오늘날 집집마다 하나씩 사용하고 있는 가정용 진공청소기를 발명한 사람이다. 그가 바로 미국의 제임스 스팽글러다.

1907년 제임스 스팽글러는 백화점의 야간 청소부로 일을 했다. 야간에 일을 했지만 그만큼 생각할 시간도 많았다. 주로 백화점에 있는 카펫을 청소하는 일이 그의 업무였다. 청소하는 일도 힘이 들었지만 그를 더 힘들게 만들었던 것은 카펫에 깔려있던 먼지였다. 많은 먼지 때문에 그는 천식까지 걸렸다. 1900년대 초에는 천식 환자가 유독 많았다. 오하이오 주 캔튼 지방은 비포장도로라 항상 먼지가 자욱했었기 때문이다. 그래서 백화점에 들어오는 손님들의 신발에는 늘 흙과 먼지가 잔뜩 묻어 있었다. 그 당시 카펫을 청소할 수 있는 도구라고는 바퀴가 달려 있는 솔과 쓰레받기가 전부였다. 바퀴가 달린 솔로 먼지를 쓸면 그 먼지가 고스란히 청소하는 사람에게 날렸던 것이다. 그래서 천식 환자들에게는 더 해로웠다. 그는 카펫의 먼지를 어떻게 하면 없앨 수 있을까 늘 고민했다. 그는 야간에 일을 하면서 생각할 시간도 많았다. 뭔가를 생각하며 머리를 잠시도 쉬는 법이 없었고 아주 작은 일이라도 해결하고 변화시키려는 창의적인 사람이었다.

생각에 생각을 거듭하던 어느 날 밤이었다. 천장에서 돌고 있는 선풍기를 바라보면서 그는 갑자기 영감을 얻게 된다. '천장 선풍기는 작은 모터로 돌아간다. 저 모터로 카펫에 쌓여 있는 먼지를 빨아 당기면 어떨까?' 다른 사람들은 더위를 식혀주는 것으로만 바라보던 선풍기를 그는 먼지를 빨아 당기는 청소하는 기계로 바라본 것이다. 이런 작은 발상의 전환이 멋진 카펫 청소기를 세상에 나오게 하는 계기가 된다. 그러나 스팽글러가 처음부터 지금 사용하고 있는 진공청소기의 형태를 만들 수 있었던 것은 아니었다. 스팽글러가 처음 제작한 진공청소기는 먼지를 빨아들여 뒤로 보내게 만들었다. 처음 실험에서 모터의 바람이 뒤로 불었기 때문에 스팽글러는 먼지를 왕창 뒤집어쓰고 말았다. 이에 스팽글러는 다시 고심하기 시작했다. '이 먼지를 담을 수 있는 용기가 필요하겠구나!' 그러다 장롱 속에 들어있던 낡은 베갯잇을 생각하게 된다. '아, 이 베갯잇을 용기로 사용하면 되겠구나!' 이제는 성공이라 생각하던 순간이었다. 그러나 베갯잇은 속이 보이지 않아 청소하고 있는 도중에 '펑'하고 터지기를 반복했다. 먼지로 샤워하기를 수백 번 경험하고 나서야 지금의 진공청소기 형태가 갖추어졌다.

1908년 그는 친척인 윌리엄 후버에게 이 아이디어를 넘겨주었다. 이후 후버 청소기란 이름의 진공청소기가 탄생하게 된다. 아무도 없는 조용한 밤, 생각에 생각을 거듭해 떠올린 아이디어 하나가 지금은 가정마다 하나씩 있는 진공청소기가 된 것이다. 하지만 스팽글러가 천장 선풍기의 모터를 이용해 먼지를 빨아 당겨보려는 발상을 했을 때 주위 사람들은 황당해했다고 한다. 그렇게 해서 과연 청소가 되겠느냐는 냉소적인 반응으로 처음엔 그를 조롱했었다. 의외로 남들이 의아해하는 발상이나 아이디어가 대박 칠 가능성이 높다. 물론 다수의 생각이나 주장이 옳은 경우도 많다. 그러나 뛰어난 아이디어로 성공한 사람들은 대개 다수와는 다른 길을 걸었던 사람들이다.

뇌가 잠들어 생각이 정리되는 시간,
고요한 아침

정신과 육체의 활동을 활발하게 하기 위해 뇌는 아침에 적절한 호르몬을 분비한다. 밤은 고독과 고요를 만족시키고, 우리의 몸과 마음을 이완시켜주는 감성적인 시간이다. 상대적으로 아침은 이성적인 시간에 가깝다. 보통 아침 6~8시까지가 두뇌가 가장 맑은 상태인 것이 그 이유다.

아침형 인간이 미래를 지배한다

한 남자가 매일같이 이른 아침에 배낭을 짊어진 채 자전거를 타고 국경을 지나가고 있었다. 그러자 세관원이 그 남자에게 말했다.

"세관에 신고할 물품이 있습니까?"

"없습니다."

"그럼 배낭에는 뭐가 들어 있습니까?"

"모래가 들어 있습니다."

세관원이 남자의 배낭을 검사했다. 배낭에는 정말로 모래만 가득 들어 있었다.

그로부터 일주일간 남자는 하루도 빠짐없이 아침마다 자전거를 타고 배낭을 짊어진 채 국경을 넘어서 오갔다. 8일째 되던 날, 다시 궁금증이 도진 세관원이 남자에게 다시 물었다.

"배낭에 들어 있는 것이 무엇입니까?"

"모래밖에 없습니다."

"음, 아무래도 이상하단 말입니다. 배낭을 열어보세요!"

세관원이 이번에도 배낭을 뒤져보았지만 배낭에는 남자가 말한 대로 정말로 모래밖에 담겨 있지 않았다. 남자는 그 후로도 매일 아침이면 국경을 넘나들었다.

2주일이 지났을 때 세관원은 남자의 배낭에 들어 있는 모래를 급기야 국립과학수사연구소에 보내 성분 분석을 의뢰했다. 하지만 결과는 역시 평범한 모래로 판명되었다. 그런 식으로 두 달이 지나고 나자 세관원은 궁금증을 도저히 억누르지 못할 지경에 이르렀다. 그는 남자에게 말했다.

"정말이지 궁금해 미치겠소. 내 아무에게도 발설하지 않겠다는 각서를 쓰겠소. 그리고 어떠한 처벌도 내리지 않겠소. 당신이 이겼단 말이오. 그러니 제발 좀 가르쳐주시오. 도대체 밀수하고 있는 물건이 무엇이요?"

세관원이 각서를 쓰고 나자 남자가 대답했다.

"자전거요."

나도 이른 아침 시간에 머리가 맑아져 창의적인 아이디어가 자주 떠오르는 편이다. 특히 밤 시간에 고민하던 문제들을 생각하면서 잠자리에 들면 우리의 뇌는 지속적으로 그 문제를 해결하려고 노력한다. 잠을 자는 것은 뇌 활동을 활발하게 해주는 재충전의 시간이다. 잠을 자고 있을 때 새로운 아이디어가 떠올라 영감을 얻은 사람들은 많다. 꿈속에서 세기의 명곡 '예스터데이'의 선율을 얻은 폴 메카트니, 모차르트와 베토벤도 많은 악상들이 잠자는 동안에 떠올랐다고 한다. 로버트 루이스 스티븐슨도 《지킬박사와 하이드》의 모티브를 얻었다고 한다. 그러다가 잠에서 깨는 아침 시간, 갑자기 좋은 아이디어가 떠오르는 경우가 종종 있다.

다른 사람들에 비해 아침에 일찍 일어나고, 부지런한 사람들을 아침형

인간이라 부른다. 사회적으로 성공한 사람들 중엔 아침형 인간이 많다. 기발한 아이디어를 가졌으며 아침형 인간의 대표적인 인물로 정주영 전 현대그룹 회장이 있다.

현대건설이 충남 서산에 대규모 간척지 공사를 할 때였다. 전체 6km가 넘는 물막이 공사에서 마지막 남은 270m를 거센 물살 때문에 못 막았던 것이다. 수많은 트럭들이 바윗덩어리를 쏟아 부었지만 역부족이었다. 이때 정 회장은 창의적인 발상을 하게 된다. 고철 선을 끌어다가 가라앉혀 물살을 막고 바윗덩어리를 쏟아 붓겠다는 것이었다. 이 참신한 아이디어로 공사기간은 단축됐고, 공사비도 아꼈다. 미국 뉴스위크와 뉴욕 타임스에 소개까지 되어 전 세계적인 찬사를 받았다. 또 다른 일화로 정 회장이 막 조선 사업을 시작하려고 할 때의 일이다. 조선소 설비를 위한 투자자금을 마련하려고 영국은행의 부총재와 면담하게 되었다. 많은 금융·경제 전문가들이 모인 가운데 정 회장의 사업계획서를 검토하다가 은행 부총재는 정 회장에게 물었다. "당신은 전공이 뭡니까?" 가난해서 소학교 졸업이 전부였던 정 회장으로서는 난처한 질문이었다. 부총재가 다시 한 번 전공을 묻자, 이번엔 정 회장이 강하게 반문했다. "제 사업계획서는 읽어 보셨습니까? 제 사업계획서를 읽어보셨다니 아시겠지만, 제 전공은 바로 조선 사업입니다." 이 대답에 회의장은 잠시 조용해졌지만 이내 부총재는 웃음을 터트리며 정 회장에게 투자를 결심하게 되었다.

창의적인 사람들과 아침형 인간들

이른 아침, 아름다운 여성이 뉴욕에 있는 은행을 찾아왔다. 은행에 들어온 그녀는 대출 담당자를 만나고 싶다고 말했다. 그녀는 업무상 뉴욕에 2주간 있을 계획이라고 말했다. 그리고 5천 달러가 필요하다고 했다. 대출담당자는 대출을 위해서는 보증 서류가 필요하다고 했다. 그러자 그녀는 자신의 롤스로이스 승용차 열쇠를 건넸다. 그 차는 은행 바로 앞에 주차되어 있었다. 모든 신상정보를 확인한 다음, 대출 담당자는 그녀의 차를 담보로 5천 달러를 빌려주었다.

은행장과 직원들은 고작 5천 달러의 대출을 위해 25만 달러의 차를 담보로 맡긴 그녀를 비웃었다. 약속한 2주가 지난 후 그녀는 은행에 와서 5천 달러 원금에 이자를 더해 갚았다. 이자는 15달러였다. 대출 담당자가 그녀에게 물어보았다.

"아가씨, 정확한 날짜에 돈을 갚아주셔서 감사드립니다. 하지만 궁금한 점이 있어요. 아가씨의 신용정보를 조회해보니 억만장자시더군요. 그런데 왜 고작 5천 달러를 빌리는 데 어려움이 있으셨던 건가요?"

그러자 그 금발의 여성이 대답했다.

"이곳 뉴욕에서 2주간 주차하는데 15달러만 내면 되는 곳이 여기 말고 또 어디 있겠어요?"

창의적인 사람들 중에 아침형 인간이 많은 두 가지 이유가 있다. 첫 번째, 그들은 아침 일찍 일어나 다른 사람들보다 하루를 먼저 시작하기 때문에 생각하고 업무를 정리할 시간이 많다. 상대적으로 더 많은 시간이 확보되기 때문에 지식과 경험이 쌓여 다양한 아이디어를 발휘할 기반이 마련되는 것이다. 두 번째, 우리가 깨어있는 동안에는 뇌가 깊은 생각에 집중하지 못한다. 사소한 문제들에 매달려 있기 때문이다. 편안하게 뇌가 하루 동안의 생각들을 정리하고 숙고하는 시간이 바로 잠을 자고 있는 때다. 잠자는 동안 관련이 없는 내용과 정보들을 새롭게 연결하고 조합하여 창의성을 발휘하게 된다. 그래서 밤 동안 숙면을 취하고 이른 아침에 일어나자마자 창의적인 아이디어를 낼 확률이 높은 것이다. 이것이 아침형 인간이 창의적인 이유다.

최근에는 잠자는 시간이나 몸의 리듬으로 아침형, 저녁형, 중간형으로 나눈 연구가 진행되었다. 조사 결과, 18세에서 47세까지는 아침형보다 저녁형이 조금 더 많았다. 47세 이상의 중년층에서는 저녁형보다 아침형이 훨씬 많았다. 하지만 이와 같은 자료들은 어디까지나 다양한 연구 결과에 따른 확률적 분포에 불과하다. 무에서 유를 창조할 수 없듯이, 창의적인 아이디어를 많이 내려면 다양한 기초 지식이 쌓여 있어야 한다. 그런 측면에서는 본다면 아침부터 부지런하게 생활하는 사람들이 지식을 쌓을 수 있는 상대적 시간이 늘어나 유리하다. 그러나 무엇보다 중요한 것은 자신에게 가장 적합한 좋은 시간을 활용하는 것이다. 이것이야말로 창의적인 사람이 되기 위한 첫걸음이다.

몸과 마음이 정화되는 시간,
목욕을 즐겨라

창의적인 아이디어가 떠오르는 시간으로 샤워나 목욕할 때를 꼽는 사람들도 있다. 당신은 샤워하면서 머리를 감을 때 앞머리부터 감는가? 옆머리부터 감는가? 그때마다 다르다고? 난 눈부터 감는다.

샤워 중? 생각 중?

샤워나 목욕을 할 때에는 몸과 마음이 이완되고 긴장감이 사라지기 때문에 뇌가 자유로운 발상을 할 수 있다.

　내가 고등학교에 다닐 때의 일이다. 야간자율학습 시간이 막 끝나갈 무렵이었다. 내 앞에 앉은 친구가 100원짜리 동전을 가로로 7개, 세로로 5개를 내 책상 위에 올려놓았다. 그러고는 100원짜리 동전 2개만 움직여서 가로와 세로의 합이 동일하도록 만들어 보라는 것이었다. 그 친구는 평소에도 내게 이런 저런 퀴즈를 자주 내던 재미있는 친구였다. 보기에는 간단해 보였지만, 좀처럼 답이 나오지 않았다. 처음에는 가로나 세로의 끝에 있는 동전들을 비어있는 공간에 놓아보았고, 잘 안 되니 다른 동전들도 마구 움직여 보았다. 자율학습시간도 끝나 포기하고 집에 갔다. 집에 돌아와 하루의 피로를 샤워로 시원하게 마무리 하고 있는데 갑자기 아까 못 풀었던 그 문제의 답이 너무나도 선명하게 떠올랐다. 가로줄의 왼쪽과 오른쪽 끝에 있는 동전을 십자가 모양의 중간에 있는 동전 위에 포개어 올리는 것이 답이었다.

　퀴즈를 풀고 난 후 곰곰이 생각해보니 이 문제는 그다지 어려운 문제

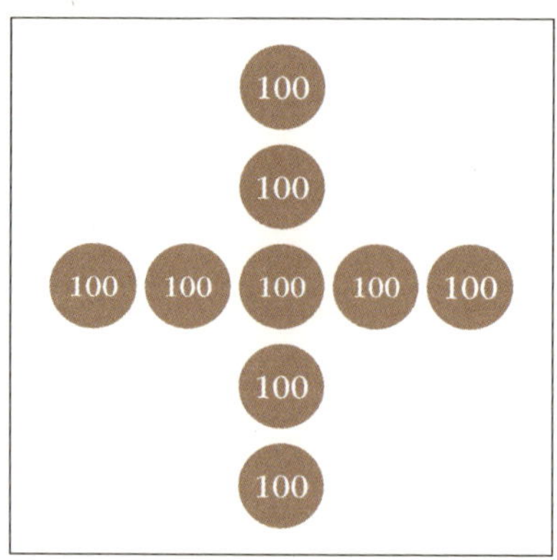

가 아니었다. 하지만 이 문제는 기본적인 관점을 바꿔야만 해결할 수 있는 문제였다. 처음 이 문제를 보면, 다른 동전들이 책상 바로 위에 올려져 있는 것처럼 동전 두 개도 책상 바로 위의 빈 공간으로만 옮겨야 한다는 생각을 하게 된다. 그러나 관점을 전환해서 동전이 동전 위에 올라갈 수도 있다는 생각을 해야만 풀리는 문제였던 것이다. 내가 이런 생각을 샤워 중에 불현듯 떠올릴 수 있었던 것은 샤워나 목욕을 하면서 몸과 마음이 이완되어 좀 더 유연하게 생각을 할 수 있었기 때문이다. 나도 모르는 사이에 그 문제가 머릿속에 남아 해결방법을 찾고 있었는데 때마침 샤워를 통해 적절한 타이밍을 잡았던 것이다. 그로 인해 좀 더 창의적인 생각을 하게 되었고, 문제를 풀 수 있었다.

깨끗이 씻어낼 때도 생각한다

한 남자가 있었다. 그런데 이 남자는 너무 화가 났다. 사람들이 매일 자기 집 담벼락에 많은 자전거를 세워놓자 치워달라고 온갖 협박의 글을 다 써 보았지만 소용없었기 때문이다. 화가 난 이 남자는 머리도 식힐 겸 목욕탕에 가서 뜨거운 탕 속에 몸을 담갔다. 따뜻한 온기와 함께 몸과 마음이 이완되었다. 그렇게 몇 분이 흘렀는데 갑자기 기발한 아이디어가 떠올랐다. 이 아이디어를 실행에 옮긴 후로 담벼락에 서 있던 자전거는 모두 사라졌다. 담벼락에는 이렇게 쓰어 있었던 것이다.

“여기 세워진 자전거는 모두 공짜입니다. 마음대로 가져가세요!”

　목욕하다가 갑자기 창의적인 아이디어가 떠올랐던 너무나도 유명한 아르키메데스의 부력의 원리도 있지 않은가? 왕이 자신이 받은 왕관이 순금인지 아닌지를 알아내라고 명령해 아르키메데스는 고민의 나날을 보냈다. 그러던 어느 날 목욕하면서 욕조의 물이 넘치는 것을 보고 ‘유레카’라고 소리치지 않았던가. 왕관을 물속에 넣어 무게를 재면 황금의 밀도를 측정할 수 있다는 걸 깨달은 순간이었다. 아르키메데스 역시 몸과 마음이 이완되는 편안한 상태에서 뇌가 유연해지고 활발히 활동했던 것이다. 그러나 창의적인 발상이 이루어지기 위해서는 단지 몸과 마음만 편안해서는 안 된다. 아르키메데스는 왕관이 순금인지를 확인해야 하는 문제를 가지고 있었다. 그러면서 동시에 욕조의 물이 넘치는 현상을 바라보았다. 바로 이 순간 서로 관련 없는 것들이 하나의 아이디어로 연결되는 상황을 경험했던 것이다. 전혀 아무것도 없는 무의 상태에서 무엇인가 탄생하는 유의 상태가 생기는 것은 불가능하다. 아르키메데스는 과학자로서 이미 많은 지식이 쌓여 있었기 때문에 순간적으로 욕조의 물이 흘러넘침과 순금의 확인 문제가 동시에 연결된 것이다. 창의적인 아이디어가 생겼던 직접적인 이유가 샤워나 목욕으로 인해 경직된 몸과 마음이 이완되어 뇌가 유연해져서인 것은 사실이다. 그러나 그런 아이디어가 떠오르기 이전에 많은 지식과 노력의 시간들이 축적되어 있어야 신선한 아이디어가 떠오를 수 있다.

욕실에서 면도하다 베인 상처로 태어난 질레트 면도기

영업사원이었던 킹 질레트는 방문판매에 지쳐 있었다. 그는 영업사원을 그만두고 무엇인가 의미 있는 물건을 만들어 보고 싶었다. 그러던 어느 날 샤워하러 욕실에 들어갔다. 뜨거운 물로 샤워를 하고 나니, 몸과 마음이 이완됨을 느꼈다. 그리고 욕실 거울 앞에서 얼굴을 바라보며 면도를 했다. 그런데 면도를 하다가 그만 무뎌진 면도칼에 얼굴을 베이고 말았다. 무딘 면도칼로 인해 얼굴을 베이는 일은 1800년대에는 아주 흔한 일이었다. 그 당시 사용하던 면도칼은 베이게 되면 상처가 깊었다. 더 심각한 문제는 페니실린도 없었던 시절이라 면도 때문에 죽는 경우도 더러 있었기 때문이다.

바로 이때 질레트의 상상력과 창의성은 나래를 펴게 된다. '날을 갈지 않아도 되는 면도칼이 있다면 얼마나 좋을까?, 날이 무뎌지기 전에 버려도 되는 면도칼이 있다면?, 치명적인 상처가 나지 않도록 면도칼을 만들 수만 있다면?' 그때 질레트는 한 번 쓰고 버리는 일회용 면도칼을 생각해낸 것이다.

질레트가 처음 실험한 금속은 박강판이었다. 박강판은 값이 아주 쌌기 때문에 버려도 될 만한 금속이었다. 하지만 박강판이란 금속은 너무 약해서 날카로움을 유지하기 힘들었다. 전문가의 도움이 필요하다고 생각한 질레트는 그걸 들고 MIT에도 가고, 칼 장수와 건축기사에게도 가서 도움을 요청했다. 하지만 돌아오는 대답은 박강판은 너무 약해서

날을 세울 수가 없다는 말들뿐이었다. 그러다 MIT 출신의 윌리엄 닉커슨을 만나 질레트 면도기가 완성되게 된다. 윌리엄 닉커슨은 영리한 사람이었지만 그 역시 처음에는 박강판이 너무 약한 금속이라 가능성이 없다고 말했다. 그러던 어느 날, 두 사람이 함께 점심식사를 하던 중에 윌리엄 닉커슨이 들고 있던 샌드위치를 바라보던 질레트는 기가 막힌 아이디어가 떠올랐다. '샌드위치 방식은 어떨까? 빵 사이에 속을 채우는 것처럼 다른 금속 사이에 박강판을 끼우는 것이다. 강철판이 힘을 받쳐주고 구리판은 열을 전도하고, 중간에 칼날로 쓸 박강판이 들어가는 식으로 말이야.' 그렇게 해서 칼날로 사용할 만큼 얇고 날카로우며 또 쓰고 버려도 될 만큼 가격도 싼 일회용 면도기가 탄생했다.

질레트는 욕실에서 면도하다가 생각해낸 아이디어 하나로 이름을 날리게 되었다. 지금도 질레트 면도기는 많은 상점의 진열대 위에 당당하게 자리 잡고 있으며, 100년이 넘은 지금까지도 남성들의 필수품으로 사랑받고 있다.

생각 없이 멍 때리는 시간에도
창의성은 활동한다

어느 날 한 농부가 생각 없이 멍 때리고 앉아 있었다. 그러다가 옆에 걸려있는 호박을 바라보았다. 고개를 돌려 도토리가 매달려 있는 상수리나무도 바라보았다. 갑자기 이런 생각이 들었다.

'신은 왜 이런 연약한 줄기에 이렇게 큰 호박을 매달아 놓았을까? 두꺼운 상수리나무에는 이렇게나 작은 도토리를 매달아 놓고선 말이야.'

며칠 뒤 농부가 상수리나무 아래에 앉아 멍 때리기를 하고 있었다. 그런데 갑자기 도토리가 이마에 떨어져 깜짝 놀랐다. 그 순간 농부는 큰 깨달음을 얻고 이렇게 말했다.

"큰일 날 뻔했네. 호박이었으면 어쩔 뻔했어!"

생각의 쉼표, 멍 때리기

요즘 사람들은 휴대전화를 아주 좋아한다. 버스나 전철에서조차 휴대전화만 바라본다. '수구리족'이란 말이 실감나는 풍경이다. 나는 버스를 탈 때에는 창밖을 자주 쳐다보는 편이고, 전철을 탈 때에는 조용히 생각을 많이 하는 편이다. 가끔 멍하게 앉아 있거나 먼 하늘을 바라보면 몸도 마음도 편해지는 것을 느낀다. 머리가 맑아져 어려운 문제들의 해답도 떠오르고 어디다 두었는지 도무지 기억이 안 나는 물건들이 있는 곳도 생각나곤 한다. 몸에도 휴식이 필요하듯이 우리의 뇌에도 휴식이 필요하다. 뇌는 무엇인가를 생각하거나 발견하기 위해 억지로 쥐어짜기보다는 아무런 목적 없이 자유롭게 쉬도록 내버려둘 때 더 활발하게 움직인다. 평온하고 이완된 상태에서는 뇌가 어떤 일이나 작업을 위해 다른 방해를 받지 않기 때문에 창의성을 발휘하기가 쉬워진다.

뮤지컬 연출가인 로버트 폴스는 문제를 무의식 속에 묻어 두고 무의식이 그 문제를 해결해주기를 기다리라고 하면서, 문제에 지나치게 집착하면 의식의 틀에 사로잡히기 쉽다고 했다. 잘 알고 있는 어떤 사람의 이름이 갑자기 떠오르지 않는 것처럼 말이다. 따라서 이럴 때에는 그냥 기다리는 것이 효과적이다. 어떤 생각이 떠오르기 위해서는 생각의 배양기가 필요하다. 우리의 뇌가 스스로 답을 찾도록 그 문제와 잠시 떨어져서 의식적으로 생각하기를 피하는 것이 바람직하다.

허핑턴 포스트지는 창의적인 사람들의 특징으로 몽상에 잘 빠지는 습관을 꼽았다. 몽상이란 실현될 가능성이 없는 헛된 생각을 하는 것 또는 그 생각 자체를 의미한다. 카우프만과 맥밀런은 그들의 저서《긍정적이고 건설적인 몽상예찬》에서 이리저리 떠돌아다니는 상상은 창의성을 키우는 데 도움이 된다고 주장한다. 멍하니 딴 생각을 하고 있을 때 불쑥 기발한 아이디어가 떠오른다는 것이다. 몽상이나 딴 생각을 할 때 독창적인 발상이 가능해지는 이유는 산만한 상태에서 정보를 기억해내는 두뇌 활동과 관련이 있기 때문이다. 몽상이나 딴 생각을 하게 되면 현실을 벗어나게 해준다. 비현실적이거나 익숙하지 않은 시선으로 의문을 던질 때 창의적인 아이디어를 끌어낼 수 있다는 것이다. 신경과학자들은 몽상이 상상력이나 창의성과 비슷한 두뇌 활동의 과정을 거친다고 말한다.

'멍 때리기'는 정신이 나간 것처럼 한눈을 팔거나 넋을 잃은 상태를 말한다. 사람들은 멍 때리는 것을 시간낭비로 여겨 부정적으로 바라보는 편이다. 그러나 세계적으로 유명한 사람들을 보면 멍 때리기로 인해 창의적인 아이디어가 나온 경우가 많다. 뉴턴은 사과나무 밑에서 떨어지는 사과를 멍하니 바라보다 만유인력의 법칙을 발견했다. GE의 유명한 잭 웰치 전 회장도 매일 1시간씩 창밖을 멍하니 바라보곤 했다.

아이디어 작전타임, 멍 때리기

|

미국이 뇌과학자 마커스 라이클 박사는 사람이 아무런 인지활동을 하지 않을 때 뇌의 어느 부분이 활성화되는지를 연구했다. 연구 결과, 'DMNDefault Mode Network'이라는 부분이 활성화되었다. DMN이란 컴퓨터 용어에서 나온 것으로, 마치 컴퓨터를 리셋하는 것처럼 아무 생각 없이 쉬고 있는 상태를 말한다. 일본 도호쿠대학교와 미국 코넬대학교에서도 DMN이 활성화되면 창의성이 향상된다고 했다. 일본 도호쿠대학은 아무 생각 없이 뇌를 쉬게 할 때 새로운 아이디어를 빨리 낼 수 있다는 결과를 발표했다.

멍하게 아무 생각이 없을 때 집중력이 떨어진다는 기존의 상식이 바뀌어가고 있다. 2014년 서울에서는 아주 특이한 대회가 열렸다. 이름하여 '멍 때리기 대회'다. 참가자는 적었지만 각박한 세상에 잠시나마 몸과 마음을 내려놓는 시간이 되었다. 멍하게 있거나 어떤 생각에 사로잡히지 않을 때, 다른 주변적인 생각들을 하지 않을 때, 창의성이 발휘될 수 있는 여유와 공간이 마련되는 것이다.

뇌는 외부에서 자극하지 않으면 일단 휴식을 취한다. 그러다 무슨 일인가 할 일이 생기면 몽상을 즐길 때나 잠을 자는 동안에 활발해지는 뇌의 부분인 DMN의 활동을 막는다. 활동을 막고 나서 지금 해야 할 일에 필요한 뇌의 부분을 활성화시킨다. 회사에선 바쁘게 일하고, 사람들과 대화하며, 퇴근길엔 휴대폰에 푹 빠져있다. 퇴근해서 잠시 여유시간이 생기면 TV 보고 게임하고, 사람들은 쉬지 않고 무엇인가를 하기 때문에 DMN이 활성화되기 힘든 것이다. 멍 때리기를 하면 하루 종일 시달렸던 많은 일과 작업을 처리할 시간을 벌게 된다. 새로운 정보를 받아들이기 위한 온전한 휴식시간이 마련되는 것이다. 휴식시간을 보낸 우리의 뇌는 일과 작업을 더 효율적으로 하게 된다. 또한 단기기억을 장기기억으로 바꾸기도 쉬워지기 때문에 암기력도 좋아진다. 시간과 장소에 구애받지 않는 멍 때리기를 생활 속에서 지혜롭게 활용해보자. 창의성을 발휘하기 위해서는 남보다 앞서 나가야 한다는 경쟁의식이나 부담감을 버리는 것이 중요하다. 마음의 여유를 갖고 한 발짝 뒤로 물러선 자세가 필요한 것이다. 뇌가 편안한 멍 때리기 상태에서 창의성의 씨앗이 자랄 수 있기 때문이다.

브레인스토밍으로 뇌가
아이디어를 말하는 회의 시간

'브레인스토밍Brainstorming'이란 1941년에 미국의 알렉스 오즈본이 처음 사용한 용어다. 일정한 주제에 대해 회의 참석자들이 자유롭게 이야기하여 아이디어를 모으는 회의 방식이다. 이때 상대방을 비판하거나 평가해서는 안 되고 최대한 많은 사람들이 자유분방하게 아이디어를 전개시키는 것이 특징이다. '두뇌에 폭풍우가 몰아치게 만들라'는 뜻을 지닌 '브레인스토밍'은 언제 들어도 매력적인 말이다. 나는 이 말을 처음 접했을 때 너무나 멋진 표현이라 생각했다. 그래서 내가 부서장을 처음 시작한 1999년부터 아이디어가 많이 필요한 회의를 주관할 때마다 브레인스토밍을 활용하곤 했다. 회의를 잘 진행했던 덕분에 업무성과도 높았다. 그렇지만 처음부터 회의를 잘 진행했던 것은 아니다.

내 머리에 휘몰아친 폭풍우, 브레인스토밍

1998년에 20대 후반이었던 나는 과장이란 직책을 시작으로 부서장을 처음 경험했다. 첫 번째로 맡게 된 나의 부서원은 6명이었다. 피가 끓던 젊은 시절이어서 그랬는지 잘하려는 마음과 더불어 빠른 시간 안에 좋은 결론을 내고 싶어 하는 조급함이 앞섰다. 중요한 안건에는 회의가 효율적이라고 생각했던 나는 회의를 자주 했다. 회의하기 전에 부서원들에게 이 일을 하게 된 배경과 목적을 설명했다. 내가 생각한 방향과 틀도 제시했다. 그래야 배가 산으로 가는 일이 없을 것이라 생각했기 때문이다. 물론 결과적으로 그 당시 내 업무에서 배가 산으로 가는 황당한 일은 없었다. 그런데 시간이 갈수록 내 부서원들은 의견이 없어졌고, 또한 내 의견이 좋다고 말하는 부서원들이 많아졌다. 처음엔 내가 유능해서 그렇다고 생각했다. 그러나 그것은 큰 오산이었다. 의도적이진 않았지만 내가 틀을 제시해 부서원들 모두를 그 안에 가두었던 것이다. 부서원들은 틀 안에 갇혔기 때문에 더 이상 좋은 아이디어를 내지 않았고, 그냥 부서장 눈 밖에 나지 않으려는 수동적인 태도를 보였던 것이다.

어느 회식자리에서 용감한 부서원 한 명의 강력한 취중진담으로 나는 잘못된 회의 방식을 깨닫게 되었다. 이후부터는 회의를 진행할 때 배경과 목적을 설명하는 것은 지속했지만 나의 생각은 표현하지 않았다. 그러자 조금씩 다양한 생각과 의견들이 나오기 시작했다. 그 생각과 의견들에 더욱더 살을 붙여가며 커져가는 창의적인 아이디어가 되는 것을 경험할 수 있었다. 부서원들과 진정한 소통의 장이 이루어지기 시작했던 것이다.

창의적인 아이디어가 나오기 위해서는 회의에 참석하는 사람들을 틀에 가두면 안 된다. 다양한 의견이 나올 수 있도록 회의 참석자들에게 자유로운 발언권을 주어야 한다. 그 이후 더 효율적인 회의 진행기법에 대해서도 연구하게 되었다. 이후 나는 공군사관학교 교수로 재직하던 시절 회의 진행기법에 대한 강의를 하기도 했다. 다양한 회의 진행기법이 있지만 가장 좋은 것은 역시 폭풍우처럼 세차게 두뇌를 흔들어 깨울 수 있는 '브레인스토밍'이다.

어느 비누 회사에서 있었던 일이다. 어떤 고객이 회사의 고객센터에 항의 전화를 걸었다. 그 이유는 황당하게도 구입한 비누 상자 안에 비누가 하나도 없다는 것이었다. 회사는 일단 사과를 하고 바로 조치를 취한 뒤 조사에 들어갔다. 처음엔 직원의 단순한 실수이거나 아니면 누군가 비누를 빼돌린 것이라고 생각했다. 그러나 확인해보니 컨베이어 벨트가 정상적으로 작동하는데도 비누가 안 들어가는 경우가 종종 생겼던 것이다. 회사 경영진은 문제 해결을 위해 오랫동안 논의했다. 생산라인의 마지막 단계에 아주 비싼 엑스레이 최신 스캐닝 장비를 설치하기로 했다. 감독하는 사람도 따로 배치했다. 그러나 성과는 거의 없었다. 스캐닝 장비는 제대로 작동하지 않을 때가 많았다. 새로 배치된 감독요원도 정확히 식별해내지 못했다. 오히려 제조시간이 길어져 매출에 악영향을 끼치기도 했다. 많은 돈과 인력을 쏟아 부었지만 문제는 전혀 해결되지 않았다. 깊은 고민 끝에 회사 사장은 경영진뿐 아니라 실무자들까지 참석시킨 브레인스토밍 회의를 열었다. 이때 생산라인에서 근무하는 한 직원이 아이디어를 내놓았다. 포장된 상자가 지나가는 컨베이어 벨트 앞에 커다란 선풍기를 틀어놓자는 것이었다. 커다란 선풍기를 틀어놓으면 빈 상자는 바람에 날아갈 것이고, 그러면 빈 상자를 효과적으로 걸러낼 수 있다는 생각이었다. 그의 예상은 적중했다. 선풍기를 가동했더니 그동안 경영진의 머리를 아프게 했던 모든 문제가 한 번에 해결된 것이다.

이 창의적인 직원은 다른 사람들이 문제라고 생각하는 상황을 새로운 방식으로 접근했다. 즉, 다른 사람들은 상자 안을 정확하게 검사해야 하기 때문에 고급 장비가 필요하다고 했다. 그러나 이 직원은 비누가 들어 있는 상자의 무게만 확인하면 된다는 문제로 바꿔서 생각했던 것이다. 다른 사람들은 상자 안을 검색하기 위해 고가의 장비와 인원이 필요했지만, 이 직원은 대형 선풍기 한 대면 충분했던 것이다. 이처럼 참신한 아이디어가 필요할 때에는 브레인스토밍 회의가 효과적이다.

브레인스토밍의 업그레이드 버전

브레인스토밍에 대해 큰 관심을 가지면서 회의를 진행할 때 다양한 분야에서 모인 각양각색의 사람들로 회의가 이루어져야 효율적이라는 사실도 알게 되었다. 부서를 옮겨 다른 부서장으로 근무할 때부터는 다양한 배경의 사람들을 회의 멤버로 구성했다. 보통은 관련된 부서의 부서장들이 모이는 회의 또는 관련된 부서에서 한 명씩 모이는 회의 등이 일반적이다. 이렇게 되면 같은 목적에 유사한 업무를 하는 사람들이 모여 비슷한 생각과 평범한 아이디어를 낼 수밖에 없다.

나는 아이디어가 필요한 회의 멤버를 구성할 때, 다양한 사람들을 참석시킨다. 부서 기준이 아니라 참석자가 무엇을 전공했는지를 기준으로 멤버를 구성한다. 또한 각 분야에서 탁월한 성과를 낸 사람들까지도 포함하여 구성한다. 이렇게 구성하면 회의 멤버 속에 경영학, 경제학, 사회학, 법학, 미학, 국문학, 체육학 등 다양한 전공자들이 함께 의견을 교류할 수 있으며, 분야별로 잘하는 사람들 즉, 테니스 잘 치는 사람, 사교성이 뛰어난 사람, 치밀한 업무 능력 소유자, 음악을 좋아하는 사람 등도 하나의 회의 멤버로 구성하게 된다. 이런 다양성을 바탕으로 멤버들을 구성하게 되면 상당히 재미있게 회의가 진행되는 것을 경험할 수 있다. 물론 이런 멤버 구성은 한 부서에서 두 명이 참석하게 되는 경우나 어떤 부서에서는 한 명도 참석하지 못하는 경우를 발생시키기도 한다. 그렇지만 결과적으로 훨씬 더 다양한 의견이 교류되고 소통이 잘 이루어지게 된다. 왜냐하면 같은 업무와 비슷한 직책의 사람들이 회의 멤버라는 것을 알고 회의에 참석하게 되면, 각자 자신이 취할 수 있는 행동반경을 스스로 미리 설정하게 된다. '나는 영업부서에서 실무자로 참석했으니, 영업에 관해 나의 부서장에게 곤란하지 않게 설명해야지.' 등이 그것이다. 나는 회의 진행에 앞서 왜 이 멤버로 구성했는지 설명한다. "이 분은 경제학을 전공했고, 이 분은 법학을 전공했으며, 이 분은 그림을 잘 그립니다. 각 분야의 전문 지식을 갖고 있는 분들과 이 회의를 진행하게 되었습니다. 오늘 회의는 다양한 의견을 나눌 수 있는 회의가 될 것으로 기대합니다."와 같은 방법으로 소개한 후 회의를 진행한다. 이러면 사람들이 자신의 전공 분야와 관련해서는 중심이 되어 이야기를 끌어가게 되고, 다른 사람들은 잘 모르는 분야에 대해 귀를 기울이게 된다. 자연스럽게 상대를 존중하는 마음과 새로운 내용에 관심을 갖는 분위기가 이루어진다.

세계적인 디자인 기업인 아이디오는 독특하고 세련된 브레인스토밍을 하는 것으로 유명하다. 화이트보드와 펜, 포스트잇만 있으면 된다. 화이트보드에는 '판단을 미룰 것', '거친 아이디어를 장려할 것', '다른 사람의 아이디어를 발전시킬 것' 등의 원칙이 적혀있다. 이렇게 열린 대화의 장을 보장하기 때문에 말하기 어려울 수 있는 신입사원들까지 자신의 생각과 발상을 자유롭게 펼칠 수 있는 것이다. 그리고 아이디오에서는 회의시간에 '그러나'라는 말은 절대 사용할 수 없고, 오로지 '그리고'라는 단어만 사용할 수 있다고 한다. 이처럼 효율적인 브레인스토밍을 위해서는 다양한 경험을 가진 각양각색의 사람들로 구성원을 꾸리는 것이 중요하다. 이를 위해서는 회의 진행자의 역량이 필수적이다. 많은 사람들이 브레인스토밍이 생각보다 별로라고 이야기한다. 그 이유가 참석 멤버의 부적절한 선정과 목소리가 큰 사람 중심의 회의 신행이었던 것은 아니었는지 한번 생각해보기 바란다. 특히 브레인스토밍 회의에서 아무리 말도 안 되는 의견이 나왔다하더라도 무시해서는 안 된다. 비논리적으로 들리거나 실패할 것 같은 아이디어가 최고의 아이디어가 될 수도 있기 때문이다.

마이크로소프트에서 '어린이 교육용 소프트웨어 개발'에 대한 브레인스토밍 회의를 할 때의 일이다. 회의 주관자는 독특하고 재미있는 방식으로 회의를 진행했다. 그가 제시한 회의 주제는 '가장 좋은 어린이 교육용 소프트웨어를 개발하기 위해서 우리는 어떻게 해야 할까?'가 아니었다. 대신 '우리가 만들 수 있는 어린이 교육용 소프트웨어 중 최악의 제품을 하나씩 생각해보자.'였다. 회의 주관자는 가장 말도 안 되는 아이디어를 뽑은 후 그 반대의 제품을 생각해보기 위한 역발상적인 생각을 한 것이다. 예상대로 이런 저런 말도 안 되고 터무니없는 아이디어들이 나오기 시작했다. 그중 하나가 바로 '말하는 바니 인형'이었다. 바니 인형이 나와서 아이들에게 말을 하면서 숫자도 가르친다는 것이었다. 회의 참석자들과 함께 웃고 나서 이 말도 안 되는 아이디어는 사라져 버렸다. 하지만 몇 년이 지난 후 이 말도 안 되는 아이디어는 다른 사람들에 의해 현실이 되었다. 대화하는 바니 인형이 실제로 출시된 것이다. 이 사례는 브레인스토밍 회의에서 나온 터무니없거나 비논리적으로 보이는 아이디어라도 쉽게 무시해서는 안 된다는 것을 보여준다. 실패할 것 같은 아이디어라 할지라도 한번쯤은 테스트해보는 것이 필요하다.

로버트 서튼의 저서 《역발상의 법칙》에 재미있는 일화가 소개된다. '몸센 렁Momsen Lung'이란 인명구조 장비에 대한 이야기다. 이 몸센 렁은 잠수함 함장이었던 찰스 몸센이 바다에 빠진 사람들을 구조하기 위해 만든 구명조끼다. 이 구명조끼를 입은 생존자들이 저절로 물 위에 둥둥 떠오를 수 있도록 한 것이다. 그 당시만 해도 몸센 렁을 사용하는 것이 침몰한 잠수함에서 탈출하기에 가장 효과적인 방법으로 알려져 있었다. 하지만 말도 안 되는 터무니없는 아이디어를 낸 사람이 있었다. 스스로 바다 속에서 헤엄쳐 탈출한다는 '자력 탈출'이 더 효과적이라는 아이디어였다. 이 아이디어로 인해 놀라운 사실을 밝혀졌다. 몸센 렁으로 일부 수병이 목숨을 건진 것은 사실이다. 하지만 목숨을 구한 수가 2차 세계대전에서 침몰한 잠수함에 있던 수병 수의 5%밖에 되지 않았다. 수심 90m 이내에서의 가장 효과적인 탈출 방법은 아무런 장비를 착용하지 않고 스스로 탈출하는 것이었다. 폐 속에 공기를 가득 채우고 숨을 내쉬면서 헤엄쳐 올라오는 방법이 가장 효과적이었던 것이다. 폐 속에 차 있던 공기는 압력이 증가하면 팽창하고, 이 팽창한 공기로 인해 산소가 공급되기 때문이다.

많은 사람들은 침몰한 잠수함에 갇힌 수병들을 어떤 기술적인 장비

없이는 탈출시킬 수 없다고 단정했다. 수심 90m 이내에 갇혀있던 수병들이 헤엄을 쳐서 나왔다면 더 많은 수병이 살 수 있었을 것이다. 이처럼 아무리 터무니없는 생각이나 황당한 발상이라도 한 번 더 확인해보는 습관이 창의성을 발휘하는 데 도움이 된다.

창의성을 부르는 시간,
나를 위한 산책

산책을 좋아하는 한 소년이 있었다. 동네 한 바퀴를 돌며 가로수 길을 지나 상점들이 즐비한 거리를 거닐곤 했다. 그러던 어느 날이었다. 평소처럼 산책을 하고 있었는데 어디선가 기가 막히게 고소한 냄새가 풍겨 나왔다. '대체 이 향긋한 냄새는 어디에서 나오는 걸까?' 소년은 냄새가 어디서 나오는지 쉽게 찾을 수 없었다. 간신히 한 빵집에서 빵 굽는 냄새가 풍기고 있음을 발견했다. 빵집이 쉽게 안 보였던 이유는 진열장 유리가 너무 지저분해 안이 잘 안 보였기 때문이었다.

"사장님, 제가 두 시간 안에 매출을 두 배로 만들어 드릴게요. 대신 저에게 품삯을 주세요!”

소년은 빵집 안으로 들어가 당돌하게 소리쳤다. 호기심을 느낀 주인 은 그리하고 순낙했다. 일미 지나지 않아 주인은 깜짝 놀랐다. 소년이 진열장 유리를 반짝반짝하게 닦자 갑자기 손님들이 밀려들어 오기 시 작했다.

걸으면서 느끼는 여유와 힐링

느림의 전문가 칼 오너리는 저서 《느린 것이 아름답다In Praise of Slow》 에서 "느리게 생각하는 것은 아이디어가 '뒤에서 서서히 끓게'할 시간 이 있을 때 우리가 하는 것이다. 이 아이디어는 직관력 있고, 창조적이 며, 양질의 것이다. 느림은 풍부하고 미묘한 통찰력을 생산해준다."고 말했다. 우리의 뇌가 가장 활발하게 움직일 때 우리는 가장 새롭고 놀 라운 일을 해낼 수 있다. 하지만 우리의 뇌는 바쁘고 긴장된 상황에서 는 활발해지지 않는다. 속도를 늦추고 마음이 평온한 상태에서만이 놀 라운 집중력과 창의성을 발휘할 수 있다. 가장 양질의 아이디어는 느림 의 미학을 감상할 때 일어난다.

느림의 미학을 실천하기 쉬운 방법으로 산책이 있다. 산책과 같은 유 산소 운동을 하면 창의성이 향상된다. 걷기는 최고의 운동이라고도 하 지 않는가. 걸으면 우리 몸속에 있는 200여 개의 뼈와 600개가 넘는 근육이 일제히 움직이며 장기들도 활발하게 움직이기 시작한다. 이때 우리의 뇌도 활동적으로 반응한다. 하루에 20~30분씩 걷는 것이 좋다. 특히 걸으면서 초록색 자연을 함께 보면 정신적 안정까지 더해져 더 큰 효과를 발휘한다.

나도 산책을 즐겨한다. 특히 나무가 많은 거리를 걷는 것을 좋아한다. 초록색을 많이 보면 정서적으로 안정이 되어, 걷는 동안 평범한 일상에서 조금은 벗어날 수 있고 풀리지 않던 문제들이 풀리기도 한다. 산책은 정서적인 안정과 더불어 다양한 생각들을 정리하고 되새겨볼 수 있는 좋은 시간이 된다. 아이도 자연스레 나와 함께 어렸을 때부터 자연을 벗 삼아 많이 걸어 다녔다. 자주 숲과 나무들을 본 덕분인지 아이가 정서적으로 안정되어 있음을 느낄 수 있었다. 뿐만 아니라 상상력이 풍부한 아이로 자랐다. 이를 증명하듯 아이는 7살이었을 때 산책하다가 바람에 의해 도토리나무에서 도토리가 후두둑 떨어지는 것을 보고 '도토리'라는 시를 지었다. 7살 아이가 지었다는 것이 믿기지 않을 정도로 풍부한 상상력을 엿볼 수 있었다.

도토리야 도토리야

어디서 왔니?

다람쥐 한눈파는 사이에

데굴데굴 굴러서 왔지

도토리야 도토리야

어디서 왔니?

니무에서 떨어실 때

폴짝 폴짝 뛰어서 왔지.

이처럼 자녀와의 산책은 아이들의 상상력과 창의성을 키워주기도 하고, 부모와 자식 간의 친밀감까지 높여주는 일석이조의 효과가 있다. 평소 자연을 접하면서 자녀와 함께 산책을 즐겨보자.

산책하면서 떠오르는 아이디어

천천히 사색하며 걷는 산책도 좋지만 약간 빠르게 걷는 것도 창의성에 영향을 준다는 연구 결과가 있다. 미국 일리노이대학교 의과대학 연구팀은 빨리 걷기와 뇌세포의 활동성을 조사했다. 여기서 말하는 빨리 걷기는 걸으면서 휴대폰으로 통화할 때 숨이 약간 헐떡거리는 상태를 말한다. 성인들에게 일주일에 3번씩, 한 번에 1시간 빨리 걷기를 시켰다. 그리고 3개월 후에 기억을 담당하는 뇌세포의 활동 상태를 조사했다. 그 결과 자신의 연령대보다 평균 3살이나 어린 활동력을 보였다. 이렇게 걷기를 하면 기억력은 물론 창의적인 아이디어도 활발해진다. 많은 철학자들이 걸으면서 사색을 즐겼다고 하는데, 아마도 이러한 효과로 인해 더 깊은 생각을 하게 된 것은 아닐까. 당신도 영감을 얻길 바란 다면, 일단 나가서 걸어보라. 새로운 영감을 얻게 될지도 모른다.

역사적으로 유명한 과학자, 철학자, CEO들 중에는 산책을 하면서 신선한 아이디어를 얻은 사람들이 많다. 대문호인 윌리엄 셰익스피어와 요한 괴테는 식사 후 반드시 산책을 즐겼다고 한다. 천재 음악가 베토벤, 모차르트 역시 산책이 영감의 원천이었다고 한다. 철학자이자 시인이었던 프리드리히 니체는 "진실로 위대한 생각들은 걷는 동안 잉태되었고, 사고를 위한 산책은 밤이고 낮이고 언제든지 가능하다."고 말했다. 애플의 스티브 잡스와 페이스북의 마크 주커버그도 걸으면서 회의하고 면접을 보는 것으로 유명하다. 실제로 미국 스탠퍼드대학교 연구팀에서 발표한 자료에 따르면 사람들이 앉아 있을 때보다 걷고 있을 때 창의적인 결과물이 평균 60%가량 늘어났다고 한다. 또한 이 연구팀은 새로운 생각을 하려면 꽉 막힌 사무실에서 벗어나라고 조언했다. 직장인들이 아이디어를 얻기 위해 책상 앞에 앉아서 고민하기보다 차라리 회사 주변을 한 바퀴 돌고 오는 게 낫다는 말이다. 그만큼 신선한 아이디어를 떠올리는 데 산책, 즉 걷기는 중요한 요소인 것이다.

나는 걸어서 출퇴근하는 것을 좋아한다. 그것도 되도록 안 가본 길로 코스를 바꿔가며 걷는 것을 좋아한다. 가끔 처음 가보는 골목길을 지나다 보면 막다른 길이 나오기도 하고, 같은 길을 빙빙 돌 때도 있다. 출근하다가 이런 경우가 있어 지각할 뻔한 적도 있다. 그래서 전혀 안 가본 길은 대체로 퇴근할 때 시도해보는 편이다. 막다른 골목이 나올 때는 잠시 불안해지고 정신이 멍해지기도 하지만, 이내 새로운 길을 찾게 된다. 걷다 보면 못 보던 건물도 눈에 들어오고 새롭게 자라나는 가로수 잎사귀가 눈에 들어오기도 한다. 이렇게 걷는 것을 생활화한 지는 10년 정도 지났는데, 그전보다 마음의 여유가 많이 생겼다. 골치 아픈 일들에 대한 해결책도 잘 떠오르고 머릿속이 훨씬 맑아지는 느낌이 좋다. 출퇴근할 때 대중교통을 이용하더라도 되도록 많이 걸을 수 있는 코스를 활용하면 충분히 걷기를 생활화할 수 있다. 자가용을 이용할 때에는 조금 먼 곳에 주차하는 것도 좋은 방법이다. 그리고 점심시간을 활용해서 하루 20~30분씩만 매일 걸어줘도 좋다. 빨리도 걸어보고 천천히도 걸어보며, 때로는 주변 환경까지도 여유를 갖고 살펴본다면 창의적인 아이디어가 떠오르는 것을 느끼게 될 것이다.

창의성이 샘솟는 시간이 과연 따로 존재하는 것일까? 그렇지 않다. 단지 다른 사람들의 시선이나 방해를 받지 않는 조용한 때를 고르는 것. 몸과 마음이 이완되어 뇌가 편안해지는 시간을 선택하는 것이 중요한 것이다. 그것도 자신에게 가장 잘 맞는 시간을 말이다. 업무나 학업과 같은 당면한 현실에서 빠져나와 한가롭게 쉴 수 있는 정신적 배양기가 반드시 필요하다. 이런 노력을 통해 창의적인 아이디어가 발휘될 수 있는 나만의 최적의 시간이 펼쳐지는 것이다.

CHAPTER 3

무심코 스쳐간 그곳에 아이디어가 있다

하고 싶은 것 많고 궁금한 것도 많았던 어린 시절을 떠올린다.
지금 생각해보면 우리는 어린 시절부터 늘 마음껏 상상할 수 있는 나만의 공간,
나만의 아지트를 원했던 것은 아니었을까?

Intro

지금은 완전 불경기다. 나란히 붙어 있는 옷가게 세 곳은 특히 경쟁이 심했다. 옷가게들은 나름대로 비장의 판촉 문구를 붙였다. 왼쪽 옷가게는 '폭탄 세일! 왕창 세일!' 오른쪽 옷가게는 '핵폭탄 세일!! 와장창 세일!!'

그래서 가만히 있던 가운데 옷가게의 매출이 뚝 떨어졌다. 가운데 옷가게 주인은 고민에 고민을 거듭하다가 다음과 같은 판촉 문구를 문에 걸었다. 바로 그날부터 이 옷가게는 대박이 났다.

‘여기가 입구!’

우리의 아이디어는 어디서 오는 것일까? 우리가 무심코 스쳐갔었던 그곳에 빛나는 아이디어로 들어가는 문이 있다.
‘바로 여기가 입구!’

clothing store
SALE
clothing store
ENTRANCE
clothing store
SALE

사무실이 헝클어지면
머릿속도 헝클어질까?

리더십센터라는 곳에서 실장으로 근무할 때의 일이다. 리더십 강사 4명, 행정담당 2명이 나와 함께 일했다. 대학원에서 경영학 석사학위를 마치자마자 맡은 자리였다. 마침 석사졸업논문을 준비하고 있었던 나는 부서원들에게 모범이 되고 싶은 마음에 '리더십'을 주제로 선택했었다. 리더십의 기본은 솔선수범이기 때문에 업무 중에도 이를 실천하려고 노력했다. 먼저 아침 일찍 출근해서 사무실 청소도 하고 직원들의 어수선한 책상을 정리해주기도 했다. 솔선수범이란 측면도 있었지만, 사무실이 정리정돈이 되어 있으면 업무 성과도 높아질 것이라는 생각에서였다. 특히 깨끗함과 더불어 창의적인 아이디어도 샘솟을 것이라 기대했다. 그러나 이런 나의 기대는 말 그대로 기대였을 뿐이었다. 시간이 지나면서 직원들은 틀에 맞추어 획일적으로 정리정돈을 하기 시작했고, 업무에 대한 태도 역시 수동적으로 변했다. 회의시간에 참신한 아이디어도 나오지 않았다. 왜 이런 일이 벌어진 것일까?

내 생각과 다르게 나의 정리정돈은 부서원들의 창의성을 감소시키는 행동이었다. 그 이후 직원들의 책상 정리정돈은 그만두었다. 직원들이 자기 나름대로 본인 책상을 손대기 시작하자 업무성과도 좋아지고, 다양한 아이디어도 나왔다. 다른 사람들이 바라보는 기준에서는 약간 헝클어져 있는 모습이더라도 그 나름대로는 규칙이 있다. 사람들은 자기 나름대로 정리하는 기준이 따로 있기 때문이다. 나만의 방식으로 자유롭게 책상을 정리하는 것이다. 서류철은 책상 오른쪽에, 스테이플러는 왼쪽에, 연필꽂이는 모니터 옆에 두는 것처럼 말이다.

헝클어진 사무실, 마법 같은 창의성

깨끗한 사무실보다 헝클어지고 너저분한 사무실에서 사람들의 창의성이 커진다고? 정말 그럴까? 미국 미네소타대학교는 정리정돈이 잘된 사무실과 무질서한 사무실 환경이 창의성에 어떤 영향을 미치는지에 대해 두 가지 실험을 진행했다. 첫 번째 실험에서는 대학생들을 두 팀으로 나눠 각각 깨끗하게 정리정돈이 된 사무실과 헝클어져 있는 무질서한 사무실로 들여보냈다. 실험 내용은 탁구공의 쓰임새에 대해 아이디어를 내는 것이었다. 실험 결과, 예상을 깨고 헝클어져 있는 무질서한 사무실의 학생들이 깨끗하게 정리정돈이 된 사무실의 학생들보다 더 많은 아이디어를 내놓았다. 두 번째 실험에서는 일반인들을 두 팀으로 나눠 정리된 책상과 어지럽혀진 책상에 각각 앉혔다. 책상 위에 두 종류의 음료수를 올려놓고 참가자들이 무엇을 고르는지를 테스트하는 실험이었다. 하나의 음료수에는 고전적인 음료수, 다른 음료수에는 새로운 음료수라고 적혀있었다. 실험 결과, 정리된 책상에 앉았던 사람들은 고전적인 음료수를, 어지럽혀진 책상에 앉았던 사람들은 새로운 음료수를 고르는 빈도가 높았다.

일이나 공부에 집중하기 위해서 약간의 잡음이 도움이 되듯 창의력에도 약간의 너저분함과 무절제함이 도움을 준다는 것이다. 기본적으로 창의력이란 '이것은 이래야 하고 저것은 저래야 한다'는 규격화나 질서를 벗어나 새로운 것을 창조하는 행위이다. 그런 의미에서 여러 가지 물건들이 질서 없이 늘어져 있는 환경이 실험 대상자들로 하여금 기존의 방식과 다르게 생각하도록 유도한 것이 아닐까 싶다. 당신이 만약 회사에서 창의적인 아이디어를 내놓아야 하는 입장이라면 책상 위의 자유를 허락해보라. 약간의 지저분한 환경은 뇌에서의 참신함을 극대화하고 새로운 자극으로 다가올 것이다.

내가 만들어가는 창의 공간

|

업무 공간을 연구하는 크레이그 나이트와 알렉스 해슬럼은 사무실 사람들에게 화분이나 그림 등으로 자신의 사무실을 꾸미게 하는 실험을 진행했다. 실험 결과, 창의성과 생산성이 높아지는 것으로 나타났다. 자기 손으로 직접 만든 공간이라는 생각 때문에 사무실에 대한 애착이 커지고 자유로운 발상도 가능해졌던 것이다. 21세기는 창의성의 시대라 해도 과언이 아니다. 창의성이 경쟁력이 되는 세상에서 업무 환경을 너무 깨끗하게만 정리하는 것은 도움이 안될 수 있다. 다소 어지럽혀져 있는 사무실에서 창의적인 아이디어가 발휘되고 업무성과는 탁월해질 수 있다. 마이크로소프트의 전 CEO 스티브 발머는 빌 게이츠의 후계자로 회사를 운영할 때 창의성이 부족하다는 말을 자주 들었다고 한다. 특히 빌 게이츠나 마크 주커버그의 집무실은 창고처럼 어지럽혀져 있었는데, 왜 스티브 발머의 집무실은 장관 집무실 같이 늘 정리되어 있느냐는 비난도 받았다고 한다.

간혹 아이들의 방에 들어가 보면 발 디딜 틈 없이 어지럽혀져 있다. 거기다 어디서 주워왔는지 모를 물건들도 많다. 그렇지만 창의적인 아이일수록 산만하게 물건을 배치하고, 자기 나름대로의 기준으로 정리하는 경우가 많다. 자기 기준에서는 모두가 쓸모 있다고 생각하는 것이다. 실제로 종이 박스와 장난감을 연결해 멋진 비행선을 만들기도 하고, 빈 깡통들을 모아 기차를 만들기도 한다. 우리가 어렸을 때는 다양한 생각도 많이 하고 창의적인 아이디어도 자주 냈었다. 어른이 되면서부터 정리정돈을 해야 한다는 강박관념에 너무 사로잡혀 있는 것은 아닐지.

어느 중학교에서는 교사들과 학생들이 늘 자유분방하게 대화를 나누고 분위기가 좋았다. 하지만 교실 안을 들여다보면 책상 위도 헝클어져 있고 정리정돈 상태도 조금 부족했다. 그러던 어느 날 교육청 인사들이 방문한 가운데 참관수업을 진행하게 되었다. 그런데 참관수업을 하게 된 반 학생들은 교사가 질문만 하면 전원 손을 들었고 교사가 지목한 학생들은 모두 정답을 조리 있게 대답했던 것이다.

교사와 학생이 서로 짠 것이라고 생각한 교육청 인사가 즉석에서 어려운 질문을 던졌는데도 모든 학생들이 손을 들었고 진행 교사가 지목한 학생은 정확하게 답했다.

"정말 대단합니다!"

교육청 인사들은 크게 놀랐고 교사와 학생들을 입에 침이 마르도록 칭찬하고 돌아갔다. 교육청 인사들이 돌아간 후 교장 선생님이 물었다.

"김 선생님! 도대체 어떻게 공부를 시켰기에 학생들이 그렇게 똑똑해졌나요?"

그러자 김 선생님이 대답했다.

"아! 네. 먼저 모든 학생들이 무조건 손을 들게 시켰죠. 답을 아는 학생은 오른손을, 모르는 학생은 왼손을 들게요. 그리고 저는 오른손을 든 학생만 대답하게 했죠."

미국의 디자인 기업 아이디오는 직원들 각자가 자기가 원하는 형태로 사무 공간을 재배치하고, 업무 중에 팀이 필요하면 언제든지 편한 공간에서 팀을 만든다. 이처럼 아이디오는 창의적인 발상이 가능한 자유로운 사무 공간으로 직원들이 창의적으로 사고하는 환경을 만들었다. 방이나 사무실의 구조뿐만 아니라 가구의 모양이 창의성에 영향을 준다는 흥미로운 연구 결과도 있다. 한 가지 모양의 가구를 보고 어느 장소를 더 높이 평가하는지 알아보는 실험인데 실험 참가자들에게 둥근 가구가 있는 사무실과 네모난 가구가 있는 모습을 보여주었다. 실험 결과, 둥근 가구가 있는 사무실을 더 편하게 느끼고 더 높이 평가했다. 대부분의 사람들은 둥근 곡선의 공간을 아름답다고 평가한다. 둥근 곡선 모양을 바라보면 긍정적인 감정을 불러일으켜 창의성과 생산성에 도움을 주기 때문이다. 따라서 집이나 사무실 등의 공간에 뾰족하고 각진 가구보다는 둥글거나 곡선을 가진 가구를 배치하면 한층 더 아름다운 공간이 될 뿐 아니라 긍정적인 생각을 하기도 쉽다. 이런 의미에서 요즘은 아이들이 직접 자신의 방을 꾸밀 수 있는 조립식 아동가구나 여러 가지 모양으로 변형이 가능한 가구들이 소비자들로부터 좋은 반응을 얻고 있다.

헝클어진 연구실에서 제2의 불을 발견하다

복잡하고 헝클어진 어느 연구실에 불이 났다. 하지만 이 불은 불꽃이 없는 신기한 불이었다. 오늘날 이 신기한 불은 진짜 불보다 더욱 강력한 힘을 과시한다. 이런 신통방통한 제2의 불을 발견한 사람은 미국의 과학자 퍼시 스펜서다. 원래 그는 탁월한 레이더 기술자로 제2차 세계대전 당시 연합국이 적의 잠수함을 찾아 폭파하는 데 도움을 주었던 사람이다.

그는 어릴 때부터 지독한 가난에 초등학교도 미처 끝내지 못하고 10살 무렵부터 제지공장에서 일했다. 낮에는 공장에서 일하고 밤에는 공부에 대한 갈증을 책으로 풀며 몇 년 간을 일하다가 우연히 '전기 기술자'를 모집한다는 공고에 이끌려 뛰어난 전기 기술자로 성장해갔다. 그러다 군에 입대하여 무전병으로 근무하면서 수학과 과학 분야에 대해 체계적으로 공부할 수 있는 기회를 얻었고, 25살에 제대한 그는 '레이시온'이라는 무전장비회사에 취직하여 오랜 시간 동안 연구와 개발에 매진하고 있었다.

어느 날 그의 산만한 연구실에서 예상치 못했던 유레카가 찾아오게 된다. 하루는 스펜서가 전자관 앞에서 일을 하게 되었다. 전자기를 이용해 레이더로 물체를 찾는 연구를 하던 중이었다. 흰색 가운에 달린 주머니가 축축하고 끈적끈적해지는 것을 느꼈다. 주머니 안을 살펴보니 먹으려고 넣어 두었던 초콜릿이 녹아 있었던 것이다. 자신의 몸이 뜨거워서 녹은 것은 아니었다. 왜 녹았을까 궁금했던 스펜서는 혹시 그 전자관이 녹인 것은 아닐까 의심하게 된다. 그는 옥수수 열매를 가져와서 그 전자관 앞에 놓아 보았다. 조금 시간이 지나자 '펑'하고 옥수수가 팝콘으로 변했던 것이다. 너무 놀라고 뜻밖의 현상을 경험하게 된 스펜서는 즉시 다양한 음식을 익혀보기 시작했다.

전자관에서 나온 마이크로파가 열매 내부의 물 분자를 흔들어 놓았던 것이다. 분자가 시로 충돌하자 마찰기 열이 발생해서 물이 증발하고 내부가 폭발하게 된 것이다. 이를 의심의 눈초리로 바라보던 동료가 달걀도 익는지 확인해보겠다고 전자관 앞에 갖다 놓았다. 스펜서의 다른 동료들도 부르르 떨고 있는 달걀을 코앞에서 바라보고 있었다. 달걀은 점점 더 격렬히 흔들렸고 갑자기 달걀이 동료들의 얼굴 앞에서 터져버렸다. 연구실도 엉망이 되었다. 스펜서는 다른 것도 실험해보았는데 마이크로파는 음식은 데우지만 용기는 데우지 않는다는 사실도 알게 되었다. 용기에는 물 분자가 없기 때문이다. 그 당시 열을 이용하지 않고 요리를 한다는 개념은 공상과학소설에서나 나옴직한 일이었다. 이렇게 해서 퍼시 스펜서는 세계 최초의 전자레인지를 만들게 된다. 그의 불꽃 없는 불의 발견으로 전자레인지가 탄생할 수 있었다. 즉, 헝클어지고 다소 산만한 장소에서도 아이디어의 불꽃은 피어난다.

천장이 높을수록
상상력이 좋아진다

시간은 없고 할 일은 태산같이 쌓여 있어 야근까지 하고 있는데 좀처럼 진도가 더딜 때가 있다. 창의적인 아이디어가 필요한 시간인데, 머리는 멈춰버려 도대체 회전하지 않는다. 눈앞에 있는 이면지와 포스트잇에 이것저것 써 보기도 한다. 컴퓨터 모니터에 몇 자 채워도 보지만 머릿속 빈 공간은 채워지지 않는다. 문제가 무엇일까? 고민에 고민을 거듭하다가 도망치듯 퇴근한다. 다음 날 다시 출근해보지만 달라지는 것은 하나도 없다. 이럴 경우, 개인의 능력이나 컨디션 때문이 아닌 공간 자체에 문제가 있을 수도 있다.

천장이 높아지면 커지는 창의성

미국 기업의 직원 1인당 사무 공간은 계속 줄어들고 있다. 이유는 회사의 경비 절감과 소통·화합을 강조하는 분위기 때문이다고 한다. 그런데 사무실의 천장은 계속 높아지고 있다는 사실을 알고 있는가? 20세기 내내 평균 2.4m에 불과했던 천장 높이는 1990년대 후반에 2.7m로 높아졌고, 최근 올라간 빌딩들은 3m 수준이라니 놀랍기 짝이 없다. 왜 이들은 천장을 높인 것일까?

창의적인 아이디어는 천장의 높아질수록 잘 떠오른다는 연구 결과가 있다. 미네소타대학교 조앤 레비 교수는 천장이 높아질 때마다 상상력도 함께 커진다는 사실을 알아냈다. 조안 레비 교수는 천장 높이가 사람들의 사고를 바꿔주고, 감정과 행동에 영향을 준다고 했다. 즉, 천장이 높아질수록 창의적인 일들과 관련된 상상력이 높아졌고, 천장이 낮을수록 꼼꼼한 업무처리 등의 섬세함이 요구되는 집중력이 높아졌다.

SBS에서 방영한 〈SBS 스페셜〉에서도 '행복 공간 찾기'라는 주제로 성적이 비슷한 초등학생들을 대상으로 천장 높이가 창의성과 집중력에 어떤 영향을 미치는지에 대해 실험했다. 두 개의 그룹으로 나누어 천장이 높은 거실과 천장이 낮은 다락방에서 창의성 문제와 집중력 문제를 풀게 한 실험이었다. 천장이 높은 거실에서 창의성 문제를 푼 학생들이 천장이 낮은 다락방에서 문제를 푼 학생들보다 훨씬 높은 점수를 받았다. 반면에 집중력 문제에서는 천장이 낮은 다락방에서 문제를 푼 학생들이 천장이 높은 거실에서 문제를 푼 학생들보다 조금 높은 점수를 받았다. 이러한 현상에 대해 아주대 김경일 교수는 천장이 높아지면 사람들은 훨씬 더 넓게 그 공간을 해석하고 생각을 확장시켜 창의성을 발휘하고, 천장이 낮아지면 그 공간을 좁게 해석해 미시적인 관점을 무의적으로 갖게 되어 집중력을 발휘하기에 적합해진다고 했다. 이처럼 대부분의 사람들은 여러 가지의 사물과 주변 환경을 바라보며 다양한 생각을 하고 이것들을 연결하고 조합할 수 있는 창의성이 생긴다. 천장이 높으면 상대적으로 더 넓고 다양한 시야가 확보되어 다양한 생각을 할 수 있는 공간이 넓어진다. 천장이 높을수록 답답하다는 느낌도 사라지고, 어떤 틀이나 억압으로부터 벗어난다는 느낌이 강해진다. 사물과 개념 사이의 공통점을 쉽게 파악하도록 해주는 추상적 사고 능력과 비교 분석 능력도 향상된다.

무엇인가를 향해 열심히 노력하는데도 문제가 해결되지 않을 때는 문제의 원인이 공간에 있을 수 있다는 생각을 해볼 필요가 있다. 이때는 그 공간을 벗어나 탁 트인 공간으로 이동해보는 것이 좋다. 일터에서는 잠시나마 옥상이나 야외 벤치로 자리를 옮겨 하늘을 한번 바라보자. 공간에 나를 맞추어 살아왔던 소극적인 삶은 던져버리고, 그 대신 나에게 공간을 맞추는 주도적인 방식의 공간 혁신을 이끌어내자.

열린 공간과 열린 생각

열린 공간에서는 창의적인 아이디어가 떠오르기 쉽다. 구글, 시스코, 페이스북 등 유명한 기업들은 개방형 사무실 구조를 가지고 있는 경우가 많다. 사무 공간이 개방되어 있으면 직원들끼리 대면하는 시간이 늘어난다. 많이 보면 많이 대화하게 되고, 많이 대화하면 많이 소통하게 되는 건 당연하다. 소통하다 보면 다양한 사람들과의 다양한 생각들을 듣게 되어 내가 생각지 못했던 창의적인 아이디어가 떠오르기도 한다.

내가 모 고등학교에서 교사와 학생들의 평가를 담당하고 있었을 때의 일이다. 한여름이었는데, 국가시책의 일환인 에너지 절약으로 인해 에어컨을 거의 사용하지 못했다. 당연히 너무 더워 업무 효율은 떨어지고 사람들 간에 짜증 섞인 말들이 자주 오갔었다. 사무실은 아주 더웠으나 그나마 복도는 통풍이 잘 되어 약간은 시원했다. 나는 임원회의 때 복도 사이사이에 소파와 테이블을 놓아두고 화분을 배치해 휴게 공간 및 소통의 공간으로 활용하자고 제안했다. 대부분의 학교 임원진들은 누가 복도에 앉아 쉬면서 소통하겠냐는 부정적인 말들을 했다. 그러나 내가 강하게 주장하자 임원들은 마지못해 내 말을 수용해주었다. 그러나 결과는 내 생각대로 적중했다. 많은 교사들과 학생들이 무더위를 잊고 잠시 휴식하는 장소로 활용했으며, 소통하는 좋은 장소가 되었다. 그곳에서 서로 아이디어도 교환하고 담소도 나누는, 무더위 속의 단비 같은 공간이 되었다. 처음에는 빈 공간을 활용해 열린 공간을 만들어보자는 간단한 아이디어였지만 효과는 컸다. 일단 복도가 훤하게 뚫려 있었기 때문에 사람들이 심리적으로 자유로움을 느꼈다. 그런 이유로 편안하게 다양한 의견과 아이디어의 교류가 가능했던 것이다. 이러한 공간 혁명이란 엄청난 것에 있는 것이 아니라 간단한 생활 속의 지혜가 모여 생겨난다.

디자인 기업 아이디오의 창립자 빌 모그리지는 최고의 결과물을 만들어내기 위해 창의적으로 협업을 유도하는 환경을 만들고 싶다면 제일 먼저 공간에 집중해야 한다고 말했다. 미국 정보기술업체인 에버노트 Evernote의 5층에는 직원들이 자유롭게 먹을 수 있는 빵과 과자류가 있는 스낵코너가 있지만 마실 수 있는 음료수는 5층이 아닌 4층에 있다. 다과와 음료를 모두 즐기기 위해서는 4층과 5층을 오갈 수밖에 없는 것이다. 4층과 5층을 이어주는 계단 이름이 '소통의 계단'이란다. 이렇게 물리적으로 열린 공간, 소통할 수 있는 공간으로 사무실 구조를 바꾸면 조직원들의 심리적 거리감을 줄여주어 친밀감을 키워준다. 친밀감이 커지면 개인 간 부서 간 의사소통이 활발해진다. 이렇게 하면 공유하는 지식이 커지고 새로운 아이디어와 창의적인 발상을 발휘할 가능성이 늘어난다.

공간을 바꿔보는 것은 자연스럽게 소통을 유도하고 저절로 창의성을 키워주는 최고의 전략이 아닐 수 없다. 삼성전자도 서울 신사옥의 층과 층 사이 계단을 개방형 공간으로 활용하며 소통을 외치고 있다. 창의성이 기업 간 경쟁력의 상징물이 되어버린 이 시대에 열린 공간과 열린 생각의 의미는 점점 더 커지고 있다.

정신없는 소음 속에서도
아이디어가 떠오른다

아이디어맨들은 남들이 전혀 생각하지 못하는 기발한 발상을 잘한다. 전혀 다른 각도에서 사물을 관찰하고 독특한 관점으로 상황을 바라본다. 기존에 있는 것들을 서로 연결하고 결합해서 새로운 의미의 무언가를 만들어내는 것이다.

우리가 흔히 MRI라고 부르는 자기공명영상 장치는 커다란 동굴 같이 생긴 의료장비다. 환자들은 커다란 몸집의 금속성 장비를 보고 심리적으로 부담감을 느낀다. 특히 이 장비가 뿜어내는 엄청난 소음에 공포심마저 느낀다. 그래서 환자들은 MRI 검사를 받기 싫어한다고 한다. 아이들은 무서워 울음을 터뜨리고, 심지어 노약자는 극도의 불안함을 느껴 신경안정제까지 투여 받는다고 한다. 이 같은 문제를 해결하기 위해 많은 의료진이 연구에 연구를 거듭했다. 다양한 기관에서 많은 사람들이 노력했으나 뾰족한 수가 없었다. 이때 한 엔지니어가 이런 질문을 던졌다. "장비 자체의 구조적 문제를 해결하거나 큰 소음을 줄이지 못한다면 장비라는 생각이 안 들도록 놀이기구의 형태로 만들어보면 어떨까?" 이렇게 해서 탄생한 것이 바로 '어드벤처 MRI'다. 해적선이나 비행기 같이 장비를 꾸며 아이들이 그 속에서 즐거운 경험을 할 수 있게 만든 것이다. 이 장비의 가장 큰 문제였던 소음을 깊은 바다 속의 아름다운 소리처럼 바꿔버린 기발한 아이디어가 탄생하는 순간이었다.

창의적인 발상은 남들이 생각하지 않는 전혀 다른 관점에서 바라보고 새로운 의미를 부여할 때 생겨난다. 이렇듯 소음은 우리의 신경을 거슬리게 하고 때에 따라 우리를 공포에 휩싸이게 만들기도 한다. 그러나 적당한 소음은 우리의 아이디어를 샘솟게 만들어 주기도 한다.

조용한 독서실보다 시끄러운 카페가 창의성에 도움을 준다?

요즘 커피숍이나 카페에 가보면 시끌벅적한데도 노트북을 펼쳐놓고 작업도 하고 여유 있게 책을 보는 사람들을 자주 볼 수 있다. 시험기간에 학생들이 공부하는 모습도 흔히 보인다. 이곳에 있는 사람들에게 물어보면 이런 곳이 집중도 잘되고 창의적인 생각들도 잘 정리된다고 한다. 정말일까? 그곳에서 책을 보고 공부하는 것이 과연 도움이 될까?

시카고대학의 소비자연구저널은 카페에서 나오는 약간 시끄러운 소리가 창의성을 향상시킨다고 했다. 카페에서 흘러나오는 정도의 소음을 백색소음이라 부른다. 빨강색, 노란색, 파랑색 등의 여러 가지 색들을 섞으면 하얀색으로 보이는 것처럼 백색소음이란 다양한 소리들이 합쳐져 무슨 소리인지 못 알아듣게 되는 소리를 말한다. 사람들이 떠드는 소리, 출입문 여닫는 소리, 커피 잔 부딪치는 소리들이 한꺼번에 들리면 무슨 소린지 잘 모른다. 백색소음이 무의미하게 들리는 이유다.

국내의 〈JTBC 뉴스〉에서도 카페들의 소음과 창의성의 관계를 실험한 적이 있다. 그 결과 조용한 카페보다는 60~70데시벨 사이의 약간 시끄러운 카페에서 창의성이 향상되는 것으로 나타났다. 이 정도의 소음은 귀에 거슬리지 않는 무의미한 소리로 들리기 때문에 오히려 더 편안해질 수 있다는 것이다. 이러한 효과 때문에 최근에는 홍대카페, 교보타워카페 등에서 나오는 백색소음을 들려주는 애플리케이션도 나왔다고 한다. 실제로 도서관에 가면 이어폰을 꽂고 이 소리를 들으며 공부하는 학생도 있다고 한다. 한 웹사이트는 카페의 적당한 소음을 사무실에서도 즐길 수 있게 배경음으로 만들었다. 창의성도 길러주고 사무실에서 커피 한잔 하면서 카페에 있는 것 같은 즐거움도 준다고 하니 재미있는 일이다.

일리노이주립대학교 연구팀은 시끄러운 소음이 브레인스토밍 회의에 미치는 영향을 조사했다. 브레인스토밍 회의는 다양한 카페에서 진행되었다. 회의 주제는 새로운 제품을 어떻게 만들 것인가에 대한 내용이었다. 70데시벨 정도의 조금 시끄러운 카페가 조용한 카페보다 창의성에 긍정적 영향을 주는 것으로 나타났다. 라비 메타 교수는 약간 시끄러운 소음은 집중력을 다소 약하게 만들어주어 폭넓은 사고를 가능하게 해준다고 한다. 폭넓은 사고를 하게 되면 고정관념에서 벗어날 수 있고 창의적인 발상이 가능해진다. 반면 지나치게 조용한 환경은 집중력만을 높여주기 때문에 추상적인 사고를 방해한다. 그래서 문제에 지나치게 집중하면 오히려 창의적인 문제를 놓치기 쉽다.

미국 미네소타 주의 한 연구실에서도 재미있는 실험을 했다. 외부의 소음을 완전히 차단한 방에 사람들을 들여보내서 얼마나 견뎌내는지를 알아보는 실험이었다. 실험 결과, 참가한 모든 사람들이 45분을 못 견디고 방을 뛰쳐나왔다. 소음이 전혀 없으면 오히려 사람들의 감각기능에 혼란이 생기고 마비가 된다고 한다. 적당한 소음이 필요한 이유다.

빗방울 떨어지는 소리, 청소기 돌아가는 소리, 폭포 소리 등도 백색소음이다. 학교에서 쉬는 시간에 학생들이 떠드는 소리도 백색소음 중 하나다. 쉬는 시간에 시끄러워도 별로 신경 안 쓰이고 문제풀이가 잘된 경험이 있을 것이다. 백색소음이라 신경 안 쓰고 집중할 수 있었던 것이다. 그렇지만 사람들이 떠드는 소리가 너무 크거나 자기에 관한 이야기가 나오면 신경이 쓰인다. 특히 자기 이름이 언급되면 더욱 신경에 거슬리게 된다. 자기와 상관없는 내용으로 사람들이 떠드는 소리는 무의미한 백색소음으로 받아들인다. 신경이 쓰이지 않게 되어 적당한 집중력으로 다양한 종류의 문제를 풀 수 있는 것이다. 너무 조용한 환경보다 오히려 조금은 시끄러운 분위기가 집중도 잘되고 창의성도 잘 발휘된다.

일반적인 사람들에게는 다소 소음이 있는 것이 창의적인 아이디어 발휘에 유리하다. 하지만 창의적인 사람들에게는 소음이 방해가 된다는 연구 결과도 있다. 미국의 노스웨스턴대학교 연구팀은 창의적인 사람들이 평범한 사람들보다 주위의 소음에 더 민감하다는 이색적인 연구 결과를 발표했다. 연구팀은 먼저 실험 참가자들에게 창의력을 측정하는 문제와 예술과 과학 문제를 풀게 했다. 실험 참가자들이 문제를 풀고 있는 동안 작은 경고음이 울리도록 했다. 이런 경고음들이 그들의 뇌에서 어떤 전기적 반응을 보이는지를 관찰했다. 관찰 결과, 창의성 점수가 높게 나온 사람들의 뇌는 경고음에 민감하게 반응했다. 반면에 창의성 점수가 낮게 나온 사람들은 별다른 영향을 받지 않았다. 평범한 사람들은 문제풀이에 집중해서 흘러나오는 경고음을 인식하지 못했던 것이다.

연구팀은 이런 현상이 일어나는 이유로 창의적인 사람들은 뇌 속에 다양한 정보를 가지고 있기 때문이라고 설명했다. 다양한 정보를 처리하고 분석하는 작업이 평범한 사람들보다 더 많이 일어난다는 분석이다. 우리의 뇌에는 뇌가 처리하는 정보의 양을 스스로 조절해주는 '감각 게이팅Sensory gating'이라는 기관이 있다. 평범한 사람들의 뇌는 감각 게이팅이 불필요한 정보와 자료를 상당 부분 차단해준다. 하지만 창의적인 사람들의 뇌는 감각 게이팅이 느슨하다. 즉 다양한 정보와 자료들을

쉽게 받아들인다는 말이다. 이로 인해 창의적인 사람들은 작은 경고음과 같은 사소한 정보와 자료들까지도 예민하게 받아들인다는 것이다. 감각 게이팅이 느슨한 사람들은 사소한 정보까지도 받아들이고 중요하다고 판단한다. 따라서 남들보다 다양한 정보와 자료들을 받아들여 연결하고 조합하기 때문에 다채롭고 창의적인 발상을 할 가능성이 높아진다. 주위가 산만하고 주변의 소음에 민감한 사람이 창의적일 수 있다는 새로운 사실을 알려준 실험이었다.

다양한 음악을 들으며 커지는 창의성

아들이 마당에서 바이올린으로 멋진 클래식 곡을 연주하고 있었다. 그런데 개가 와서 자꾸 짖어댔다. 첫 번째 곡이 끝나자 아들은 아버지에게 물었다.

"아버지, 다음 곡은 어떤 음악으로 연주할까요?"

아버지는 대답했다.

"다음 곡은 개가 모르는 음악으로 해라."

내 취미는 음악 감상이다. 초등학교 때부터 자기소개서의 취미란에 음악 감상이라 적었다. 음악은 클래식, 발라드, 댄스, 헤비메탈, 재즈 등 다양한 장르에 걸쳐 듣는 편이다. 내가 대학 다닐 때에는 카세트테이프가 음반시장의 주를 차지했다. 대학 생활 2학년 때 수백 개의 카세트테이프가 내 방에 있었으니, 지금 생각해 봐도 음악을 많이 좋아했던 것 같다. 이렇게 다양한 장르의 음악을 들으면서 책도 보고, 신문도 보고, 운동도 하고, 청소도 하면서 다소 경직된 분위기의 내적 생활이지만 사고가 유연해짐을 느낄 수 있었다.

심리학자 닉 퍼햄은 변주가 심하지 않고 안정적인 선율과 리듬을 유지하는 음악이 창의성을 기르는 데 도움이 된다고 했다. 그러나 암산이나 읽기 능력이 필요할 때는 가사가 있는 음악을 들으면 안 된다고 조언한다. 두 가지 일에 대한 뇌의 처리 과정이 서로 겹쳐 학습에 지장이 생기기 때문이다.

산업현장에 소음을 관리해주는 솔루션 기업인 영국의 캠브리지 사운드 매니지먼트도 보통의 소음으로 사람들의 집중력이 떨어지지 않는다고 주장한다. 가사가 있는 것처럼 우리가 알아들을 수 있는 소음만이 집중력을 약하게 만든다는 것이다. 이와 덧붙여 미국의 렌셀러 폴리테크닉대학교 연구팀은 새소리, 물소리 등 자연의 소리가 포함된 음악이 좋다고 한다.

자연의 소리에는 신체가 이완되었거나 잠자고 있는 중에 생겨난다는 세타파란 것이 있다. 이 세타파는 창의성과 집중력, 기억력 등을 높여주는데 이 세타파는 새로운 장소에 가거나 어떠한 한 사물에 주의를 기울이거나 흥미를 가질 때 우리 뇌의 해마와 그 주변부에서 분비된다. 자연의 소리에는 백색소음처럼 다른 시끄러운 소리들에 주의를 뺏기지 않도록 해주는 역할을 한다고 한다. 자연의 소리가 포함된 음악은 세타파의 분비를 촉진하여 창의성과 집중력을 강화시켜준다는 것이다. 그러나 무엇보다 창의성을 기르는 데 가장 좋은 음악은 바로 자신이 가장 편안히 느낄 수 있고 자주 들어오던 장르의 음악이다.

창의성을 키워주는
파란색 방에 들어가라

초등학교 3학년이 된 아들이 눈을 동

그렇게 뜨고 아빠에게 묻는다.

"아빠! 노란색이 영어로 뭐예요?"

아빠는 자신 있게 대답한다.

"노란색은 '옐로우'라고 한단다."

그러자 아들이 다시 한 번 묻는다.

"아빠! 그럼 노르스름한 색은 뭐라고 해요?"

"노르스름한 색이라고? 음. 글쎄. 세미 옐로우인가?"

슬슬 불안해지는데 아들의 질문이 마구 쏟아진다.

"그럼요, 아빠! 약간 누르스름한 색은요? 완전 누르스름한 색은요? 샛노란색은요? 노릇노릇하면서 누르스름한 색은 또 뭐라고 해요?"

"……"

세상은 희끄무레하고, 노리끼리하며, 불그죽죽하고, 푸르스름함의 연속이다. 오히려 하얀색과 검정색만이 존재하는 세상으로 정의하는 순간 우리의 상상력과 창의성은 사라진다. 동심의 세계로 돌아가 어린 아이와 같은 순수함을 간직할 때 창의성은 발휘된다. 아이들을 관찰해 보면 색깔에 대한 관심이 많다는 것을 알 수 있다. 그래서 그림을 그리고 색칠 놀이하는 것을 좋아한다.

우리는 온갖 색채들로 가득한 공간에서 살아가고 있다. 색이란 단순히 바라본다는 것 이상의 정서와 감정을 갖는다. 시각, 청각, 후각, 미각, 촉각의 오감 중 80~90%가 시각을 통한 색채 자극이라고 한다.

빨간색과 파란색, 어느 색이 더 창의적일까?

브리티시컬럼비아대학의 줄리엣 교수는 색이 창의성에 미치는 영향에 대해 실험을 했다. 컴퓨터로 퍼즐을 풀게 한 실험이었는데, 컴퓨터 바탕화면을 빨간색과 파란색으로 깔았다. 실험 결과, 빨간색이 컴퓨터 바탕화면에 깔려 있던 팀은 기억력과 주의력이 필요한 분야의 점수가 높았다. 반면 파란색이 컴퓨터 바탕화면이었던 팀은 창의성이 필요한 분야의 점수가 높았다. 줄리엣 교수는 창의적인 아이디어가 많이 필요한 브레인스토밍 회의를 할 때 회의실을 파란색으로 칠하면 도움이 된다고 말했다. 또한 러시아의 생리학자 클라고프 박사는 빨간색과 파란색이 자율신경계에 미치는 영향을 연구했다. 연구 결과, 빨간색을 바라보면 아드레날린이 분비되어 호흡이 빨라지고 혈압이 올라갔다. 반면 파란색을 바라보면 뇌를 안정시키는 신경전달 물질이 분비되어 호흡이 느려지고 심리적으로 가장 편안해졌다. 이 두 실험 결과를 보면, 파란색이 심리적인 안정을 가져다주고, 그로 인해 폭넓은 생각을 할 수 있게 되어 상상력 또한 길러줄 수 있다는 것을 알 수 있다. 즉 파란색으로 둘러싸인 곳이 창의적인 생각을 하기에 효과적이다.

공간이 아니더라도 조명의 색깔을 바꿔주는 것으로도 우리의 심리에 영향을 미칠 수 있다. 파란색과 초록색 조명은 새로운 아이디어를 내는 데 도움이 되고, 빨간색 조명은 집중력에 도움이 된다고 한다. 일본의 어느 도시는 범죄가 많이 일어나는 곳이었는데, 길거리에 있는 가로등을 파란색으로 바꾼 뒤 범죄 건수가 크게 줄었다고 한다.

창의성이 요구되는 브레인스토밍 같은 회의를 할 때 회의실은 파란색으로 꾸며보는 것이 창의적인 아이디어를 만들어내는 데 도움이 된다. 그렇지만 브레인스토밍 회의를 한다고 해서 회의실을 다 파란색으로 칠하기는 어렵다. 이럴 땐 조명을 파란색 계통으로 설치해보는 것도 좋은 방법이다. 파란 하늘을 볼 수 있는 화창한 날씨라면 스크린에 방

해가 되지 않는 선에서 커튼을 걷고 회의하는 것도 좋다. 이 밖에도 빔 프로젝터를 활용해 스크린 상의 배경화면을 파란색으로 하는 것도 괜찮다. 바탕색은 파란색, 글씨는 흰색, 가장 흔하면서도 눈에 잘 들어오는 조합이다. 또는 그날 하루는 참석자들이 파란색 양복이나 와이셔츠를 입고 회의에 참석해도 좋다. 파란색 넥타이의 날을 정해보는 것은 어떨까? 참신한 아이디어가 떠오르는 기분 좋은 날이 될 수도 있다.

초록색이 주는 편안함과 창의성

공군 종합행정학교에서 대대장으로 근무할 때의 일이다. 내가 담당하고 있는 병사 교육생들은 신병훈련소에서 힘든 군사훈련을 마치고 공군 종합행정학교로 온다. 이곳에서 앞으로 군 생활을 할 부대로 가기 전에 이론 교육을 시켜준다. 병사 교육생들은 이 시기에 미래에 대한 불안감을 많이 느끼게 된다. 왜냐하면 이론 교육을 받은 다음 시험을 치는데, 그 성적에 따라 앞으로 생활할 부대가 결정되기 때문이다. 그래서인지 스트레스로 인해 정서가 메말라가는 교육생들이 많았다.

강한 군인이 되려면 안정된 정서를 기반으로 전쟁에서의 예측하기 힘든 돌발 상황에 잘 대처할 수 있어야 한다. 그러려면 다양한 생각으로 창의적인 전략을 수립할 수 있어야 한다. 환경심리학자인 로저 울리히 교수가 병실의 창문 너머로 자연 풍경이 내다보일 때 환자들이 더 빨리 회복된다고 말한 것처럼, 자연의 색인 초록색은 심신을 편안하게 만들어주고 창의성에 도움을 준다. 이러한 정보를 토대로 안정적인 정서를 갖고 있으면서도 창의적인 군인으로 양성하기 위해 나는 작은 변화를 실천해 보았다. 가장 먼저 내무반마다 화분 여러 개를 놓아줬다. 내무반에 있는 교육생들이 직접 그 화분에 물을 주게 하면서 보살피게 했다. 초록색을 바라보면서 정서적으로 안정되고 유연한 사고를 갖게 해보려는 의도였다. 다음으로는 병사 교육생들 중에서 미대 출신들을 뽑아 내무반 복도 벽에 초록색이 많이 들어간 아름다운 그림을 그리게 했다. 이후 병사 교육생들이 훈련을 마칠 때 즈음에 설문조사를 해보았다. 화분을 관리하고 아름다운 벽화를 본 이후에 마음이 편해지고 그림을 보면서 다양한 생각들이 떠올랐다는 의견이 많았다. 병사 교육생들의 반응이 좋아 공군 종합행정학교의 교장님께서도 칭찬을 많이 해주셨다. 그날 이후 나는 한동안 미대 출신의 교육생들과 함께 부대 곳곳에 벽화를 그리게 되었다.

자연을 활용한 일본 도쿄의 후지유치원은 창의적인 교육기관으로 유명하다. 교실은 콜로세움처럼 원형으로 이어져 있다. 교실들은 초록색이 가득한 잔디밭을 빙 둘러 배치되어 있으며, 교실 문은 커다란 유리문으로 되어 있어 바로 밖에 있는 잔디밭이 보인다. 늘 초록색 환경을 바라보며 뛰놀던 아이들은 정서적으로 안정되고 창의성도 커지게 된다. 여러 가지 초록색으로 뒤덮인 숲 속에 들어가면 막혀있던 가슴이 탁 트이고 머릿속이 시원해지는 느낌이 드는데 이런 느낌이 단지 기분

탓만은 아니다. 숲 속의 다양한 나무들과 풀들이 품어내는 피톤치드의 효과 때문이다. 피톤치드는 식물들이 세균이나 벌레들로부터 자신을 보호하기 위해 내뿜는 자연 항균물질로, 우리 몸에도 유익한 물질이다. 숲 속에 가지 않더라도 주변에 화초를 키우기만 해도 피톤치드의 효과를 볼 수 있고 정서적 안정감까지 얻을 수 있다.

최근 한 연구에서는 식물이 자라는 사무실은 직원들의 행복감을 증진시켜 생산성을 15%까지 높여주는 것으로 나타났다. 게다가 눈의 피로도 덜어주며 업무로 쌓인 스트레스나 우울감을 감소시키는 영향이 있는 것으로도 나타났다. 사무실이나 가정에서 작은 화초나 화분을 키워보는 작은 변화만으로도 심리적인 안정감과 함께 창의적인 아이디어도 떠오르는 좋은 기회가 될 수 있으니 도전해보는 것은 어떨까?

수많은 우연이 반복되는
횡단보도 위의 사람들

어느 젊은이가 기차여행을 떠났다. 몇 날 며칠을 기차 안에서 지냈더니, 수다를 떠는 것도 신물이 나 그저 멍하니 창밖만 내다보게 되었다. 가도 가도 황량한 들판만 보이고 창밖을 내다보는 것도 지겨워질 때쯤 커브를 도느라 잠시 속도를 줄인 기차의 차창 너머로 웬 농가 한 채가 눈에 들어왔다. 농가는 지극히 평범한 모습이었지만 허허벌판의 유일한 건물이었기에 사람들의 눈길을 끌었다. 이때 젊은이에게 순간적으로 좋은 생각이 떠올랐다.

'아하! 그렇게 하면 좋겠군.' 젊은이는 황급히 짐을 꾸려 기차에서 내린 뒤 농가의 주인을 찾아갔다. "아저씨, 농가를 제게 파시죠." 마침 주인은 농가를 팔려고 내놓았지만 기찻길 옆이라 시끄러운 탓에 몇 년째 사겠다는 사람이 나타나지 않아서 애를 먹는 중이었다. 그래서 젊은이가 찾아왔을 때 '얼씨구나'하고 쾌재를 부르며 3만 달러에 농가를 팔았다.

대체 젊은이는 팔아도 시원찮을 농가를 왜 산 걸까? 여기에는 이유가 있었다. 젊은이는 애당초 농가에서 살 마음이 없었다. 농가는 기차가 운행 중에 유일하게 속도를 줄이는 커브길 옆에 위치해서 사람들의 눈길을 끌기에 더없이 좋았는데, 이런 곳은 광고판을 세우기에 최적의 장소가 아닌가! 훗날 젊은이는 농가에 코카콜라 광고를 실어주고 삼 년 동안에만 18만 달러를 벌었다. 다른 여행객들이 농가의 허름한 겉모습만 바라보는 동안 이 젊은이는 그 안에 숨어있는 가치를 상상했던 것이다.

- 디쟝보·양칭보, 《6번째 콜라》 중

창의성을 키워주는 무한한 능력, 상상력

아이디어가 뛰어난 사람들은 평범한 사람들보다 상상력이 뛰어나다. 하나의 상황을 보고도 뒤집어 생각해보고 비틀어 생각해본다. 다양한 관점에서 상상하기 때문에 각양각색의 생각들과 참신한 아이디어가 나올 수밖에 없다. 그래서 상상력은 창의성을 키워주는 무한한 능력이라 할 수 있다.

　어떤 소년이 비둘기의 발만 반복해서 그렸다. 엄청난 양의 비둘기 발 그림을 그렸다가 휴지통 속에 버리기를 반복했다. 이상하게 여긴 사람들이 이유를 물어보았다. 그러자 소년은 대답했다. "우리 아버지가 비둘기 발만 계속 그리라고 하셨어요." 그리고 세월이 지나 소년은 열다섯 살이 되었다. 그동안 비둘기 발만 열심히 그렸던 소년은 놀랍게도 사람의 얼굴, 몸체의 세부적인 특징까지도 잡아내기 시작했다. 이 소년의 이름은 피카소였다.

　참신한 아이디어는 상상력에서 나온다. 상상력은 창의성의 최대 무기이자 아이디어의 원천이다. 이곳저곳 많이 걸어 다닐 때나 횡단보도에서 신호를 기다릴 때도 사람들과 주변 환경을 자세히 살펴보면 상상력이 커질 수 있다. 횡단보도를 잘 관찰해 상상력을 발휘한 좋은 사례가 있다. 영국 런던의 한 번화가에서 횡단보도를 건너가는 방식을 바꾼 이야기다.

　런던에서도 가장 복잡하다고 소문난 옥스퍼드 가의 교차로는 교통량이 많은 것으로 유명했다. 이때 좁은 횡단보도로 많은 사람들이 건너가는 것보다 교차로의 중앙을 대각선으로 가로질러 건너가자는 아이디어를 낸 사람이 있었다. 처음엔 모두들 비웃었지만 막상 이 아이디어를 실행해보니 정말로 교통체증이 말끔히 해소되었다. 더욱 재미있는 사실은 이 아이디어를 낸 사람이 영화 〈반지의 제왕〉 소프트웨어 제작팀이란 점이었다. 먼저 이들은 이곳 횡단보도를 자세히 살펴본 후에 상상력을 발휘했던 것이다. 그 다음 〈반지의 제왕〉에서 오크들의 자연스런 움직임을 위해 설계했던 프로그램을 적용해 이 횡단보도 아이디어를 낸 것이다.

횡단보도 앞에서 상상해보는 즐거움

어떤 할머니가 횡단보도에 서 있는데 한 학생이 다가와 친절하게 말했다.

"할머니, 제가 안전하게 건널 수 있도록 도와 드릴게요."

할머니는 호의를 고맙게 받아들이고는 횡단보도를 건너가려고 했다. 학생은 깜짝 놀라며 할머니를 말렸다.

"할머니, 아직 아닌데요. 지금은 빨간불이거든요."

그러자 할머니는 "아니야 지금 건너야 돼." 라며 막무가내로 건너가려고 했다.

"할머니. 빨간불일 때 건너면 위험해요!" 라고 말하며 할머니가 건너지 못하게 잡았다. 그러자 할머니는 학생의 뒤통수를 냅다 치며 말했다.

"야 이놈아! 파란불일 때는 나 혼자서도 충분히 건널 수 있어!"

횡단보도를 건너려고 신호등 앞에 서 있으면 사람들의 다양한 표정과 다양한 모습을 볼 수 있다. 짧은 시간이지만 이들을 자세히 관찰하

면 아주 재미있다. 어떤 사람은 멀찌감치 떨어져서 이어폰으로 음악을 들으며 여유 있게 기다리는가 하면 차도까지 내려와 100m 달리기할 준비를 하는 사람도 있다. 어떤 사람은 그냥 땅만 쳐다보고 있다. '이 사람은 어떤 생각을 하고 있을까? 이 사람은 무슨 고민이 있을까?' 혼자 이런저런 생각을 하다보면 상상력이 발동하는 것을 느낄 수 있다.

나는 평소 산책을 즐겨한다. 공원을 산책할 때도 있지만, 주로 다양하게 코스를 바꿔가며 큰 길, 작은 골목 등을 누비고 다닌다. 특히 큰 길을 거닐다 보면 많은 상점들을 지나게 된다. 그러다 잠깐씩 상점 안에서 대화하는 사람들을 쇼윈도 밖에서 바라본다. 그러면서 쇼윈도 안에 있는 주인과 점원으로 보이는 사람들, 점원과 손님으로 보이는 사람들이 지금 무슨 이야기를 나누는 것일까 상상해본다. '혹시 주인이 점원을 혼내고 있는 것은 아닐까? 점원이 손님에게 옷이 참 잘 어울린다고 설명하는 것은 아닌가?' 등 이런 상상을 하다보면 재미도 있고 머릿속이 맑고 새로워짐을 느낀다. 걸어 다니면서 상점들의 간판을 유심히 바라보는 것도 재미있다. 간판에 새겨진 가게의 이름뿐 아니라 간판의 모양과 색깔, 디자인까지 자세히 살펴보는 것이다. 특히 내가 자주 사용하는 상상놀이는 상점의 이름을 보고 업종이 전혀 다른 상점의 이름으로 쓸 수는 없는지 생각해보는 것이다. 예를 들어 '치어스'라는 술집 간판을 보게 되면 차량사고 보험의 명칭으로 사용해보면 어떨까? 차에 치었으니 '치어스' 보험 또는 새끼 물고기들을 많이 판매한다는 의미로 '치어스' 수족관이라든지. 다양한 상점들을 바라보면서 다양한 이름을 지어보는 것도 상상력을 자극하기에 좋다. 이처럼 일상생활 속 다양한 공간에서도 창의성을 키우는 것은 언제나 가능하다. 조금만 관심을 가지면 누구나 아이디어맨이 될 수 있다.

나만의 똑똑 튀는
아이디어 아지트

어린 시절에 동네 친구들과 열심히 뛰놀고 집에 돌아와서는 생각했다. 또 뭐하고 놀까? 베란다 구석에 놓인 커다란 빈 종이 박스가 눈에 들어온다. 그걸 내 방으로 가지고 가서 가위로 오려서 입구를 만든다. 장난감 하나를 들고 그 안에 들어가 있으면 어찌나 좋았던지. 지금으로 보면 인디언 텐트 모양, 버스 모양의 플레이텐트와 같다고 할 수 있다. 어쩌다 부모님이 외출하셔서 집이 비는 날이면 또 뭐하고 놀까를 생각한다. 그러고는 커다란 옷장 속에 들어가서 옷장 문을 닫는다. 컴컴한 옷장 속에서 걸려있던 옷들을 오른쪽 왼쪽으로 젖혀 보면 왠지 옷장 안쪽에 문이 열리고 새로운 세상으로 들어갈 것 같은 기분이 든다. 영화 〈나니아 연대기〉처럼. 아마 당신에게도 이런 경험이 한두 번쯤은 있었을 것이다. 하고 싶은 것도 많고 궁금한 것도 많았던 어린 시절. 지금 생각해보면 우리는 어린 시절부터 나만의 공간, 나만의 아지트를 원했던 것은 아니었을까?

잠자고 있던 창의성을 깨워주는 나만의 공간

나만의 공간, 나만의 아지트는 우리에게 많은 영향을 미친다. 멋들어진 클럽이나 파티 장소에 가게 되면 당신 안에 숨어있던 놀고 싶은 동물적 본능이 튀어나오는 것처럼 나만의 공간에서는 잠자고 있던 창의성이 고개를 든다.

음악의 아버지라 불리는 세바스찬 바흐는 독일의 투린지아라는 곳에서 태어났다. 투린지아는 주화에 닭이 등장한 것으로도 유명하다. 바흐는 이곳 투린지아를 한 번도 떠난 적이 없으며, 자신이 좋아하는 고향을 아지트로 아름다운 곡 작업을 했다. 프랑스의 유명한 소설가 마르셀 프루스트는 방음장치가 완벽한 좁고 어두운 서재에서 그의 걸작들을 세상에 내보냈다고 한다. 앨버트 아인슈타인은 베른에 있는 한 허름한 사택의 식탁에서 작업하는 것을 좋아했다고 한다. 이처럼 사람들은 누구나 자신이 가장 편하게 느낄 수 있는 나만의 공간을 원한다.

사람들은 하루 24시간 중에 21시간이나 실내에서 보낸다고 한다. 하루 중 대부분의 시간을 실내 공간에서 지낸다는 말이다. 우리가 지금 머물고 있는 실내 공간이 만족스러운 걸까? 이런 공간들이 우리에게 행복감을 주고 있기는 하는 걸까? 바쁘게 살아가고 있는 현대인들은 자신만의 공간을 갖길 원한다. 취업포털 사이트 커리어는 직장인들을 대상으로 '직장 내 아지트가 있는가?'라는 주제로 설문조사를 실시했다. 조사 결과 직장인들의 61%가 회사에 '나만의 아지트'를 가지고 있다고 응답했다. 나만의 아지트로 가장 많이 선택한 곳은 바로 화장실이었다. 그 다음으로 많이 선택한 장소는 건물 밖, 비상구였다. 그 외에도 테라스, 직원 휴게실, 옥상, 창가, 편의점이라고 답한 직장인들도 있었다. 회사에서 직장인들이 아지트를 갖고 싶어 하는 이유는 답답한 사무실이 싫고, 일이 힘들기 때문이다. 직장에서 탈출하고 싶은 마음이 반영된 것이다.

〈SBS 스페셜〉에서 '행복 공간 찾기'라는 주제로 방송을 한 적이 있다. 한 여성이 자신만의 아지트를 소개하는 장면이 나왔다. 스트레스가 가득한 날엔 어김없이 그녀의 발걸음은 '그곳'을 향해 있다고 한다. 퇴근하면 들르게 되는 만화카페가 바로 그곳이다. 그곳에는 좋아하는 만화책도 많고 혼자 조용히 읽을 수 있게 마련된 작은 방들도 있어서 좋다고 한다. 매일 집과 회사를 반복하다가 다른 장소에 가게 되면 분위기가 새로워진다. 그녀는 자신만의 공간을 갖게 되면서 일상의 작은 변화가 일어났다고 한다. 작은 변화로 답답한 일상에서 벗어나 조용한 자신만의 시간을 보낼 수 있어 행복하다는 것이다.

지혜로운 토끼는 굴을 세 개나 파 놓고 맹수의 공격에 대비한다. 굴을 많이 파 놓으면 위험에 대처할 수 있는 가능성이 커져서 살아날 수 있는 확률도 커지기 때문이다. 확률도 커지지만 이에 못지않게 커지는 것은 아무래도 마음의 안정감일 것이다. 사람들이 나만의 아지트를 갖고 싶은 것도 이런 이유 때문이 아닐까?

창의성의 아지트, 버스, 침실, 화장실 그리고 벤치

송나라 문인 구양수는 '삼상三上'에서 좋은 문장이 나온다고 했다. 삼상이란 '마상馬上, 침상枕上, 측상厠上'을 뜻한다. 즉, 말을 탈 때, 침실에 있을 때, 화장실에 있을 때를 말한다. 이 세 가지 장소에 있을 때 좋은 아이디어가 떠오른다는 이야기다. 침실이나 화장실은 지금과 비슷한 장소이나 말은 지금으로 보면 자동차나 버스, 지하철과 비슷하다. 서양에도 이런 비슷한 이야기가 있다. 미국의 심리학자 로버트 엡스타인과 줄리안 제인스는 '버스Bus, 침실Bed, 욕실Bath'에 있을 때 유명한 과학적 발견과 수학적 발견이 이루어졌다고 말했다. 그래서 이것을 아이디어 3B라 부른다.

사람은 혼자서 살 수 없는 사회적 동물이다. 그래서 사람들과 함께 어우러져 살아가려고 노력한다. 결혼도 하고, 직장생활도 하고, 동아리 활동까지 한다. 그렇지만 사람들과의 친교활동을 자주 하다 보면 자신이 좋아하는 행동에 제약이 생긴다. 자신이 좋아하는 행동만 하면 주변 사람들이 싫어하기 때문이다. 타인의 시선을 의식하기 때문에 자신만의 사고와 행동을 스스로 제약하게 된다. 그래서 가끔씩은 타인의 눈길을 피할 수 있는 나만의 공간이 필요하다. 동서양을 막론하고 버스, 침실, 화장실이 아이디어가 떠오르는 나만의 아지트라 불리는 이유다. 먼저 침실이나 욕실은 자기 집에 있으니 남 눈치 안 봐도 되는 편안한 장소다. 그러나 화장실은 자기 집뿐만 아니라 회사에서도 다른 사람의 시선을 피하기 가장 좋은 장소다. 가장 많은 직장인들이 화장실을 자기만의 아지트라고 대답한 이유이기도 하다. 대중교통인 버스나 지하철은 자기 집이 아닌 외부의 세계지만, 나를 모르는 사람들이 이용하기 때문에 심리적으로 나만의 공간이라 생각하는 경향이 강한 편이다. 목욕탕도 아이디어가 떠오르는 좋은 장소인데, 대중교통과 마찬가지로 모르는 사람들이 모여 있는 공간이기 때문이다.

여러 번 강조한 것처럼 나는 낯선 장소를 산책하는 것을 좋아한다. 산책하다가 앉아 본 적이 없는 벤치에 앉는 것도 좋아한다. 처음 앉아 보는 벤치에서 주변을 바라보면 아주 새롭고 신선하다. 걸으면서 보았던 상점들과 가로수들이 전혀 다른 모습으로 보이는 경우가 많다. 특히 처음 앉아보는 벤치에서는 생각도 잘 정리되고, 안 풀리던 고민들에 대한 해결책도 잘 떠오른다. 낯선 곳에서 느끼는 편안함이라 할 수 있다. 다른 사람들의 시선을 신경 쓰지 않아도 되고, 편안하게 느낄 수 있는 익숙한 장소 중 하나로 자신의 자동차 안이 있다.

예전에 읽었던 잡지 〈리더스 다이제스트〉에 나온 재미있는 얘기가 있다. 사람들은 자동차를 몰고 달릴 때 자기 안에 있는 다른 자신이 나타나 운전을 하게 된다는 내용이었다. 사람들은 자주 자신이 나약한 존재라고 생각하면서도 자동차 운전을 할 때만큼은 자신이 강한 존재라고 생각한다는 것이다. 우선 자동차가 철로 만들어졌다는 이유 때문인지 사람들은 자동차 안에 있는 자신을 마치 갑옷을 입은 기사로 생각한다는 것이다. 그래서 사람들이 자신의 자동차 안에서 안정감을 느끼며, 편안함을 느끼는 것인지도 모른다. 실제로 어떤 연구 결과에 의하면, 자동차를 운전할 때가 가장 편안하고, 좋은 아이디어가 떠오른다고 답한 사람이 많았다고 한다. 운전을 자주 하는 편은 아니지만, 나도 가끔 내 차를 운전하다 보면 나만의 안락함과 마음의 편안함을 느끼곤 한다.

타인의 시선이 배제되고, 내가 통제할 수 있는 편안한 장소. 이것이 나만의 아지트가 되기 위한 조건이 아닌가 싶다. 자신만의 아지트를 몇 개씩 만들어 스트레스도 해소하고, 생각도 정리하며, 창의적인 발상도 할 수 있는 나만의 세상을 만들어보는 것은 어떨까?

CHAPTER 4
한 걸음만이라도 먼저 실천하는 연습

평소 창의력이 좀 부족하다고 생각했다면 의기소침할 필요 없다. 아주 사소한 연습부터 조금씩 시도하다 보면 당신이 가진 창의력의 세계가 열릴 것이다.

Intro

오사카의 유흥가 중심지인 난바에 젊은 청년이 조그만 오꼬노미야끼 가게를 개업했다. 그러나 손님이 전혀 오지 않았다. 개업한 지 며칠이 지나도 가게는 한가하기만 했다. "어떻게 하지? 어떻게 해야 손님들이 찾아올까?" 고민하던 젊은 청년은 어느 날 갑자기 자전거에 배달통을 싣고서 주변을 바쁘게 돌아다니기 시작했다. 다음 날도, 그 다음 날도 계속해서 자전거를 타고 달렸다.

그렇게 며칠째 계속해서 배달통을 싣고 달리는 그 젊은 청년을 보면서 사람들은 "야! 저 가게는 배달이 끊이질 않는구나."라고 생각하게 되었다. 그리고 그때부터 손님들이 밀려오기 시작했다. 그로부터 30년 후, 이 가게는 종업원만 600명이 넘는 일본 제일의 오꼬노미야끼 집이 되었다. 그 젊은 청년이 지금의 나까이 마사쯔구 사장이다. 바쁜 척을 해서, 일본에서 제일 바쁜 현실을 만들어 낸 창의적인 발상의 주인공이다.

- 히스이 고타로, 《3초 만에 행복해지는 명언 테라피》 중

생각을 뒤집으면 새로운 세상이 보인다
낮설게 바라보는 연습

낯선 세상으로의 용감한 도전, 역발상

한 남자가 자동차를 타고 정신병원 앞을 지날 때였다. 갑자기 타이어에 펑크가 났다. 예비 타이어로 교체하려고 볼트를 풀어 옆에 놓았다. 그런데 잘못 건드려서 볼트를 모두 하수구 속에 빠뜨리고 말았다. 이 남자는 속수무책으로 어찌할 바를 모르고 발을 동동 구르고 있었다. 이때 정신병원 담장 너머로 이를 지켜보던 환자 한 명이 말했다. "이보시오. 그렇게 서 있지만 말고 남은 세 바퀴에서 볼트를 하나씩 빼서 예비 타이어로 바꾸고 카센터로 가세요!"

이 남자는 이 환자의 아이디어가 정말 기발하다고 생각했다. 그러고는 이 환자에게 말했다.

"정말 고맙습니다. 그런데 당신 같은 분이 왜 정신병원에 있는 거죠?"

그러자 그 환자가 말했다.

"야, 이 친구야! 나는 미쳐서 여기에 온 거지, 너처럼 멍청해서 온 게 아니야!"

내가 공군 교육사령부에 있는 공군 종합행정학교라는 곳에서 대대장을 할 때에 있었던 일이다. 부하였던 중대장과 소대장들이 내게 하소연을 했다. 무엇인가 문제가 생기면 질문을 많이 하는 나였기에 몇 번에 걸쳐 물어보았다.

"그래, 중대장. 무엇이 문제지?"

"네, 대대장님. 저희 학교에서 교육받는 병사들이 처음에는 청소를 열심히 하지만 교육이 끝나갈 무렵이 되면 청소를 대충대충 하기 때문입니다."

"왜 교육이 끝나갈 무렵에는 청소를 대충하지?"

"네, 대대장님. 평소에는 청소를 열심히 하지 않으면 저희가 병사들을 감점시킬 수 있어 원하는 부대에 갈 수 없습니다. 그래서 병사들은 열심히 내무반과 공공시설을 청소합니다. 그러나 훈련이 끝나갈 무렵에는 전산시스템 상에 성적 입력이 완료되어 더 이상 감점을 시킬 수 없어서 그렇습니다."

어떻게 하면 이 4일의 기간 동안 병사들이 소대장과 중대장의 명령을 잘 듣게 만들 수 있을까? 나는 잠시 동안 곰곰이 생각했다. 그러다가 이 4일의 기간 동안 그들이 여자 친구와 부모님에게 전화하는 것을 무척 좋아한다는 사실을 생각해냈다. 부대에서는 병사들이 휴대폰을 사용할 수 없기 때문에 오직 공중전화만 사용할 수 있었다. 그 순간 나는 내가 좋아하는 치킨과 그 안에 들어있는 동그란 쿠폰을 떠올렸다. 나는 중대장에게 아이디어를 제안했다. 먼저 치킨집 쿠폰과 비슷하게 동그란 모양의 쿠폰을 만들어 '5분 통화권'이라고 쓰라고 했다. 그리고 성적이 들어가지 않는 4일간 매일매일 내무반 대항 환경미화 콘테스트를 열게 했다. 청소가 잘된 내무반의 병사들에게 소대장과 중대장들이 '5분 통화권'을 나눠주는 것이다. '5분 통화권'을 받은 병사들만이 그날 저녁에 전화 통화를 할 수 있게 한 것이다. 그 후로 내무반과 공공시설은 어떻게 되었을까? 반짝반짝 빛나는 내무반과 공공시설은 일류 호텔이 안 부러웠다. 게다가 소대장과 중대장의 말을 듣지 않는 병사들은 단 한 명도 없었다. 그리고 그 이후 '5분 통화권'은 청소뿐만 아니라 평소 교육과 훈련을 잘 받는 병사들에게도 지급하게 되어 엄청난 효과를 보게 되었다. 결국 공군 교육사령부 안에 있었던 교육기관들이 내 아이디어를 따라하게 되었다.

역발상逆發想이란, 일반적인 생각과 반대되는 생각을 표현하는 것이다. 내가 만든 '5분 통화권'은 치킨집 쿠폰을 떠올려 생각한 간단한 아이디어였다. 청소를 잘하게 하려는 목적은 같았으나 그동안은 잘못하면 감점을 시켰던 부정적 방법을 사용해왔다. 그러나 잘하면 인센티브를 주는 긍정적 방법을 사용하겠다는 역발상을 발휘한 것이다.

거꾸로 바라보면 답이 보인다

디장보와 양칭보의 저서 《6번째 콜라》를 보면 역발상에 대한 재미있는 사례가 나온다. 미국의 한 호텔 사장은 고민이 많았다. 왜냐하면 호텔을 찾는 고객들이 너무 많아 지금의 엘리베이터만으로는 고객들이 불편하기 때문이다. 고민한 끝에 새로운 엘리베이터를 한 대 더 설치하기로 결정했다. 그는 미국에서 제일 유명한 건축가와 엔지니어를 불러서 이 상황에 대해 논의했다. 유명한 건축가와 엔지니어는 엘리베이터를 새로 설치하려면 반 년 이상은 호텔 문을 닫아야 한다고 말했다. 그러자 사장이 걱정하며 말했다.

"반드시 호텔 문을 닫아야만 하는 건가요? 제 입장에선 너무나 큰 손실입니다."

"지금으로서는 그 방법밖에 없습니다."

건축가와 엔지니어는 사장에게 아무렇지 않게 말했다. 이때 옆에서 청소하고 있던 청소부가 사장에게 말했다.

"제게 호텔 문을 닫지 않고 엘리베이터를 설치하는 방법이 있어요."

그러자 엔지니어가 그 청소부에게 질문했다.

"도대체 무슨 방법이 있다는 말입니까?"

"건물 밖에 엘리베이터를 설치하면 되잖아요."

"아, 그러면 되겠네요. 아주 좋은 방법이 있었군요!"

엔지니어와 건축가는 청소부의 말에 감탄했다. 이렇게 해서 세계 최초로 밖을 내다볼 수 있는 전망용 엘리베이터가 설치되었다. 건축가와 엔지니어는 항상 건물 안에 엘리베이터를 설치해야 한다는 일반적인 생각에서 벗어나지 못했다. 그러나 이 청소부는 일반적인 생각과 반대되는 역발상을 발휘했다. 그래서 건물 밖에 엘리베이터를 설치하면 된다는 새로운 대안을 찾게 된 것이다.

에드워드 드 보노는 창의적인 사고를 하기로 유명하다. 그는 사람들이 논리에 근거한 고정적인 사고를 자주 하기 때문에 수직적인 사고를 하는 경향이 많다고 말했다. 그러나 다양한 사고를 위해서는 수평적인 사고가 중요하다고 했다. 건축가와 엔지니어는 엘리베이터 설계에 대한 전문지식을 맹신해 수직적인 사고를 하고 말았다. 하지만 엘리베이터 설계에 관한 전문 지식이 없었던 청소부는 오히려 전문가의 생각과 상반되는 수평적인 사고를 할 수 있었다. 그래서 창의적인 아이디어를 발휘하게 된 것이다. 이처럼 어떤 분야에 비전문가라 할지라도 얼마든지 창의성을 발휘할 수 있다. 그림을 그리고 싶다고 해서 반드시 미대를 가야 하는 것은 아니고, 비즈니스를 한다고 해서 반드시 마케팅 지식이 필요한 것도 아니다. 전문 지식과 관련 없이 전혀 엉뚱하고 독창적인 방법으로 비즈니스를 성공시킬 수도 있는 것이다. 일반적인 생각과는 차별화되는 나만의 특별한 방법으로 역발상을 발휘하는 것이 중요하다.

역발상을 지배하는 자가 승리한다

어느 날 일본에서 큰 지진이 발생해 엄청난 해일이 생겼을 때의 일이다. 지진이 발생했을 때 바다에 나가 있던 어부들을 대상으로 빨리 대피하라는 연락이 왔다. 어부들의 상당수는 이 연락을 받고 신속하게 육지로 대피했다. 하지만 일부 어부들은 육지로 대피하지 않고 오히려 수심이 깊은 바다로 대피했다. 수심이 깊은 바다에서는 해일이 높지 않아 육지보다 더 안전하다고 판단했던 것이다. 그들이 내린 판단은 정확하게 맞아 떨어졌다. 엄청난 해일로 항구는 부서졌고, 마을은 흔적도 없이 사라지게 되었다. 대피하라는 연락을 받고 항구로 이동했던 대다수의 배들은 산산조각이 났다. 하지만 자신의 예측을 믿고 수심이 깊은 바다로 대피했던 어부들은 모두 살았던 것이다. 대부분의 어부들은 해일이 발생하면 육지로 피해야 한다는 일반적인 생각을 가지고 있었다. 하지만 일부 어부들은 일반적인 생각에서 벗어나 새로운 대안을 찾는 역발상을 발휘해 바다로 피했던 것이다. 창의적인 사람들은 기존 생각에서 답을 찾지 않고 새로운 대안을 찾는 역발상을 잘 발휘한다.

트루 릴리전True Religion은 역발상을 발휘해서 프리미엄 청바지 업계에 돌풍을 일으킨 유명한 브랜드다. 다른 브랜드들은 불경기가 심하다며 모두가 저가 전략을 사용할 때 트루 릴리전은 그들과는 정반대로 고가 선략을 펼친 것이나. 소비사들은 불황이다고 해시 무조긴 지기 제품을 선택하지는 않는다는 판단에서였다. 소비자들은 오히려 불경기에는 여러 벌 살 돈으로 좋은 옷 한 벌을 사려고 한다는 심리를 꿰뚫어 본 것이다. 또한 역발상 마케팅으로 큰 실적을 올린 경우도 있다. 총각네 야채가게 이영석 대표의《인생에 변명하지 마라》에 소개된 치킨집의 사례가 역발상 마케팅이라고 할 수 있다. 전국적인 조류독감으로 치킨집들이 거의 초상집 분위기였을 때, 치킨집을 하던 후배가 이영석 대표를 찾아와 고민 상담을 했다. 이영석 대표는 후배의 고민을 들은 후 치킨이 언제 가장 많이 팔리는지, 언제 가장 안 팔리는지를 물었다. 후배는 저녁시간에 가장 많이 팔린다며, 특히 주말이나 스포츠 경기가 있을 때가 많이 팔린다고 했다. 반면에 평일이나 비 오는 날이 제일 안 팔린다고 했다. 그는 소비자 입장에서 언제 치킨이 가장 먹고 싶을까를 생각해보았다. 골똘히 생각하다가 기발한 아이디어가 떠올랐다. 후배에게 치킨 다섯 마리 정도를 버릴 수 있냐고 물었다. 후배는 팔 수만 있다면 얼마든지 가능하다고 했다. 그는 후배에게 이렇게 말했다. "일단 퇴근시간에 맞춰 다섯 마리를 한꺼번에 아주 바싹 튀겨. 치킨 냄새가 심하게 진동할 만큼. 그리고 그걸 들고 아파트 단지에 가서 엘리베이터를 타고 왔다 갔다 해봐. 그리고 아파트 현관문에 너희 치킨집 스티커를 붙여 놔." 사람들이 퇴근한 후 아파트 엘리베이터를 탔는데 치킨 냄새가 풍긴다면 얼마나 먹고 싶을까에 착안한 아이디어였다. 한참 배고픈 시간에 현관문 앞에 치킨집 스티커가 붙어 있다면 사람들은 어떤 반응을 보일까? 사람들은 치킨 냄새의 주인공이 바로 그 치킨집이라고 생각하게 될 것이고, 스티커를 보고 주문할 확률이 높다. 후배는 그가 말한 대로 바싹 튀긴 치킨을 들고 엘리베이터를 오르내렸다고 한다. 이후 후배는 조류독감이 유행한다는 말이 사실이 아닐 정도로 큰 매출을 올렸다고 한다.

이뿐만 아니라 우리 주변에는 역발상으로 새롭게 탄생한 아이디어 상품이 많이 있다. 차동엽 신부의 《무지개 원리》를 보면 역발상으로 탄생한 상품이 나온다. 어떤 조미료 회사에서 있었던 일이다. 매일같이 조미료의 매출이 떨어지자 회사에서는 대책회의가 열렸다. 어떻게 조미료의 매출을 올릴 수 있는지에 대한 각종 아이디어 회의가 벌어졌다. 온갖 유능한 사원들이 참가한 이 회의에서 다들 비슷비슷한 의견만 나왔다. 이때 한 사원이 아주 기발한 아이디어를 제시했다. 조미료 통의 구멍 크기를 지금의 크기보다 두 배로 하면 어떻겠냐는 아이디어였다. 이 참신한 아이디어는 곧바로 조미료 통 제조로 이루어졌다. 그 결과 매출은 몰라보게 상승했다. 다른 사원들은 마케팅 측면에서 접근했지만 이 사원은 조미료 통의 구멍을 크게 하면 조미료를 많이 사용하게 된다는 사실에 초점을 맞춘 역발상의 관점을 가졌던 것이다. 이처럼 역발상이란 일반적인 생각과 반대가 되는 생각을 표현하는 것이다. 기존에 다른 사람들이 가진 생각에서 답을 구하지 않고 새롭고 참신한 다른 대안을 찾는 것이 특징이다.

평소에 역발상을 연습하기 위해서는 많은 사람들을 만나서 다양한 내외와 취미 활동을 즐기는 것이 좋다. 기존의 생각을 파격하게 새롭게 하며, 가끔씩 논리성을 피하고 어린아이의 순수세계에 빠져보는 것도 중요하다. 그리고 입장 바꿔 생각해보는 연습과 최신 유행을 피하는 것도 효과적이다.

내 눈을 향한 낯선 초대, 부자데

처음으로 가 본 곳인데 언젠가 한번 왔었던 것 같은 느낌이 드는 곳이 있다. 그렇지만 곰곰이 생각해보아도 온 적이 없는 곳인데 말이다. 이렇게 처음 간 곳인데 예전에 한번 와 보았던 것 같은 느낌을 '데자부 Deja Vu'라고 한다. '데자부'란 프랑스어로 '이미 보았던 것'이라는 뜻으로 우리말로 '기시감旣視感'이라고 한다. 이와 반대로 늘 접하는 익숙한 상황을 처음 접하는 것처럼 낯설게 바라보는 것을 '부자데Vuja De'라고 하며 '신시감新視感'이라고도 부른다.

미국 스탠퍼드대학교 로버트 서튼 경영학 교수는 그의 저서《역발상의 법칙》에서 부자데라는 개념을 처음 사용했다. 부자데는 데자부를 거꾸로 적은 것이다. 부자데란 이미 전에 수백 번 경험했던 것을 지금 처음 경험하는 것처럼 느끼고 행동하는 것을 말한다. 부자데는 자기의 생각이나 느끼는 감정을 수시로 변화시킬 수 있는 능력이다. 사진을 찍는다고 가정하면 찍으려는 대상보다는 그 주변의 배경 중 다른 어떤 것을 바라보는 것이다. 늘 하던 방법이 아니기 때문에 다른 관점으로 새로운 발상을 떠올릴 수 있다. 그는 이런 부자데를 통해 창의성이 생길 수 있다고 주장한다. 창의성은 오래된 아이디어를 새로운 관점에서 재해석하고 새로운 방법으로 조합해 참신한 아이디어를 만들어내는 것이다. 늘 접하는 일이나 방식을 낯설게 바라보고 거꾸로 해석하며 재편집하는 과정에서 창의성은 발휘될 수 있다. '왜 거울은 좌우만 바뀌어 보이고 상하로는 안 바뀌어 보이지?'처럼 말이다.

기업들도 다른 기업들과 차별화되는 브랜드 이미지를 위해 역발상 마케팅을 자주 활용한다. 남성 모델 전용이었던 소주 광고에 처음으로 여성 모델을 등장시킨 성 파괴 역발상 마케팅. 젊은 모델 위주로 광고를 해 오던 롯데리아가 나이가 지긋한 신구를 캐스팅한 나이 파괴 역발상 마케팅. 냉장유통주스, 24시간 편의점 등의 시간 파괴 역발상 마케팅. 동양화재는 군인보험을 내놓고 음지 살리기 역발상 마케팅을 추진했다.

어느 보험회사에 근무한 적이 있는 고참 사병이 신병훈련소에 배치되었다. 그는 아주 창의적인 군인이었다. 그가 하는 일은 군인보험에 관해 신병들에게 설명하는 것이다. 그가 신병훈련소에 배치되고 얼마

되지 않아 100%에 가까운 보험 판매 실적을 올렸다. 이 상황이 너무나도 신기했던 직속 상사가 그가 교육하는 내용을 몰래 엿들었다.

"군인보험에 든 사람이 전투에 나가 죽으면 정부는 유족에게 1억을 지불한다. 그런데 보험에 들지 않은 사람이 죽었을 때엔 얼마나 지불하는지 아나?"

"모르는데요."

"정부가 지불하는 돈은 고작 100만 원밖에 되지 않는다. 자, 그러면 어느 쪽을 먼저 전투에 투입하겠나? 어디 생각들 해봐!"

내가 설문지를 만드는 일에 참여했을 때의 일이다. 설문지의 목적은 젊은 여성들이 군에 대해 어떻게 생각하고 있는지를 알아보는 것이었다. 설문지를 만드는 일에 참여한 사람은 모두 5명이었다. 대부분의 사람들은 군대와 관련해서 어떤 내용을 물어봐야 하는지에 대한 아이디어만 제시했다. 일반적인 군 관련 설문지는 따분하고 재미없어 응답을 대충한다는 평이 있었기 때문에 나는 설문지를 새로운 관점에서 바라보았다. 설문지를 지루한 내용으로 시작하지 말고 재미있는 설문 문항으로 시작하는 것은 어떨까? 그래서 1번 질문을 다음과 같이 작성했다.

1. 다음 보기 중에서 군대의 종류가 아닌 것은 무엇일까요?
① 육군 ② 해군 ③ 공군 ④ 난봉군

물론 이 문제의 정답이 4번이라는 사실은 누구나 알 수 있다. 하지만 재미있게 설문을 시작할 수 있도록 만든 문제라는 사실을 설문 참가자들이 눈치 챘기 때문에 실제로 이 설문지를 받아본 사람들은 웃으며 관심을 갖고 설문 응답을 시작했다. 설문지를 만드는 일에 참여했던 다른 사람들은 어떤 내용으로 설문지를 만들 것인가만 생각했다. 하지만 나는 사람들이 어떻게 하면 조금 더 관심을 갖고 더 성실하게 설문지를 작성할 것인가를 고민했던 것이다. 늘 해오던 일의 방식을 낯설게 바라보고 기존과는 전혀 다르게 해석한 재미있는 이야기가 있다.

어느 건축회사에서 있었던 일이다. 이 건축회사 사장은 어느 부하직원들이 사용한 비용 지출명세서를 확인하던 중 깜짝 놀랐다. 쥐 2마리를 구매했기 때문이다. 사장은 건축회사에서 쥐를 산 것이 도무지 이해가 되지 않았다. 그래서 그 직원을 불러 어떻게 된 일인지 물었다. 직원은 아무렇지 않게 쥐를 구입한 이유를 사장에게 설명했다.

"새 전선을 설치해 달라고 의뢰한 건물이 있었습니다. 길이는 10m 정도였고 직경은 3cm 정도밖에 되지 않는 가늘고 긴 파이프에 전선을 통과시켜야 하는 업무였습니다. 하지만 파이프는 벽돌들 사이에 묻혀 있었고, 파이프는 네 군데씩이나 구부러져 있어서 도저히 전선을 집어넣을 수가 없는 상황이었습니다. 이 골치 아픈 상황에서 어떻게 전선을 설치해야 할지 고민하던 중 기발한 아이디어가 생각났습니다. 시장에서 성별이 다른 작은 쥐 2마리를 사서 수컷 쥐의 몸에 실을 묶고 파이프 끝에 가져다 놓고, 암컷 쥐는 반대편 파이프 끝에 놓았습니다. 일부러

암컷 쥐를 괴롭히며 스트레스를 받게 했더니, 암컷 쥐는 찍찍거리기 시작했습니다. 반대편에서 이 소리를 들은 수컷 쥐는 암컷 쥐의 소리를 듣고 파이프 속으로 들어가 달리기 시작했고, 달리는 수컷 쥐의 몸에 묶여 있는 실도 사인스닙세 날러 샀습니나.”

이 창의적인 직원은 사람의 힘으로는 거의 불가능했던 좁고 굽어진 파이프 안에 전선 깔기를 단 두 마리의 쥐를 가지고 해결한 것이다. 사장은 큰 소리로 웃으며 그를 크게 칭찬했다. 물론 쥐 두 마리를 구입한 비용도 정산해 주었다고 한다. 구부러지고 폭이 좁은 파이프에 전선을 깔기 위해 쥐를 그 안에 통과시켜 보자는 생각은 상당히 독창적이다. 이 독창적이고 기발한 아이디어는 사물을 있는 그대로 보기보다는 새롭고 낯설게 바라보는 시각에서 출발한다. 늘 익숙한 상황을 낯설게 바라보는 것은 고정된 생각의 틀을 깨는 창의성의 기반이 된다.

낯설게 바라보는 연습

부자데와 비슷한 말로 ‘낯설게 하기Defamilliarization’란 것도 있다. ‘낯설게 하기’는 러시아 형식주의자들이 처음으로 사용한 용어다. 문학, 예술이론으로 출발한 이 이론은 마치 어린아이가 세상을 보는 것처럼 새롭고 낯설게 바라보는 것을 의미한다. 늘 익숙한 일상적 인식의 틀을 깨고 바라보는 시각을 낯설게 하여 사물이나 상황의 본질을 바라보는 것이다.

1917년 미국 뉴욕의 한 미술 전시회에 세기의 한 획을 그었던 조각 작품이 전시되었다. 이 조각작품을 출품한 사람은 마르셀 뒤샹이었다. 그의 작품명은 '샘Fountain'이었다. 하지만 이 작품이 전시되자 수많은 사람들은 예술에 대한 모독이라는 등 비난을 쏟아냈다. 왜 그랬을까? 이 작품은 흔히 볼 수 있는 남성용 소변기를 거꾸로 세워놓고 그 위에 사인만 한 것이었기 때문이다. 많은 비평가들은 시중에서 돈만 주면 살 수 있는 제품을 가져다 사인만 한 물건은 작품이 될 수 없다고 주장했다. 마르셀 뒤샹은 이러한 비평에도 창작에서 중요한 것은 완성된 작품이 아니라 작품의 구상에 있다고 생각했다. 그리고 사람들에게 이렇게 말했다. "작가가 직접 자기 손으로 작품을 만들었는지 아닌지는 중요하지 않다. 중요한 것은 작가가 어떤 대상을 선택해 또 다른 새로운 의미를 부여한 것이다."

스페인 출신의 천재 화가 파블로 피카소는 사물의 형상을 해체하는 입체주의를 창조해 20세기 최고의 거장이 되었다. 프랑스 출신의 앙리 마티스는 색채의 고유성을 부정해 회화의 일대 혁명을 일으켰다. 하지만 마르셀 뒤샹은 미술 작품에 대한 개념 자체를 바꿨다. 미술 작품은 작가가 직접 만들었느냐 보다는 얼마나 기발하고 독창적인지가 더 중요하다는 것이다. 시간이 흘러 '샘'은 현대미술의 아버지라 불리는 마르셀 뒤샹의 대표 작품이 됐다. 남성용 소변기라는 익숙한 물건을 전시회라는 낯선 공간에 배치함으로써 기존에 없던 독특한 새로움을 만들어냈기 때문이다. 평범한 사람들은 낯설게 바라보는 것을 두려워한다. 하지만 창의적인 사람들이 두려워하는 것은 낯설게 바라보는 것이 아니라 늘 익숙하게 바라보는 것이다. 낯설게 바라보았기 때문에 차별화된 게임을 만들어낸 기업도 있다. 닌텐도는 기존의 게임 방식에 스포츠와 재활치료의 3가지 방식을 융합한 '위 피트Wiifit'를 제작했다. 이것은 근력운동을 즐기면서 비만지수까지도 관리할 수 있는 게임기다. 게임기를 단순한 게임으로만 바라보지 않고 운동과 치료의 목적으로까지 재해석한 낯설게 바라보기의 전형이다.

일반적인 생각과 반대되는 생각을 표현하는 역발상, 그리고 익숙한 상황을 처음 접하는 것처럼 낯설게 바라보는 부자데를 일상생활 속에서 연습해보는 방법이 있다. 자신이 직접 하나의 이야기를 만들어보는 것이다. 마치 소설가가 된 것처럼 말이다. 그리고 평범한 이야기가 아니라, 누군가에게 들었던 이야기들 중에서 가장 말도 안 되는 이야기를 실제로 일어난 것처럼 써보는 것이다. 말이 안 되면 안 될수록 더욱 더 다양한 아이디어가 생기며 두뇌가 자유로워짐을 느끼게 될 것이다. 예를 들어 이렇게 작성해보면 어떨까?

허풍이 세기로 유명한 김 노인, 박 노인, 최 노인이 모여 앉아 군대 얘기를 하고 있었다. 김 노인이 먼저 말했다. "난 철원전투에서 눈에 총을 맞고 말았지. 그래서 의사가 다른 사람의 눈을 넣어주었는데 지금까지도 아주 잘 보인다네." 그다음은 박 노인이 뒤를 이어 말을 했다.

"난 낙동강전투에서 두 다리를 총에 맞아버렸지. 헌데 군의관이 다른 사람의 다리를 감쪽같이 붙여줘서 이처럼 멀쩡하게 걸어 다니고 있다네."

처음 입을 열었던 김 노인이 가만히 듣고만 있는 최 노인에게 할 말이 없는지 물어 보았다. 그러자 최 노인이 입을 떼며 이렇게 말했다. "난 별로 자랑할 게 없는데. 다만 백마고지전투에서 한 번 전사한 것 빼고는 말이야."

새롭고 낯설게 바라볼 수 없다면 창의성은 발휘할 수 없다. 작가이자 화가인 폴 호건은 말했다. "존재하지 않는 것을 상상할 수 없다면 새로운 것을 만들어낼 수 없으며, 자신만의 세계를 창조해내지 못하면 다른 사람이 묘사하고 있는 세계에 머물 수밖에 없다."고 말이다. 늘 반복되는 일상적인 삶 속에서 인식의 틀을 깨고 모든 상황이나 사물을 낯설게 바라봄으로써 창의적인 사람이 되어보는 것은 어떨까?

책과 책을 넘나들어라
지식을 수용하는 연습

생각을 이끌어내는 독서

1%의 영감과 99%의 노력이 성공을 만든다는 말이 있다. 어느 날 갑자기 창의적인 아이디어가 떠오르는 것은 아니다. 1%의 아이디어를 위해서는 99%의 지식과 경험을 쌓아야 한다. 평소 지식과 경험을 축적한 상태에서만이 영감을 통해 아이디어가 완성되는 것이다.

중국 극동지방에서 자라는 모소 대나무는 특이한 대나무다. 아무리 정성껏 이 대나무를 키워도 처음 4년간은 겨우 3cm 정도밖에 자라지 않기 때문이다. 하지만 놀라운 사실은 이 대나무를 키운 지 5년째가 되면서부터 벌어진다. 거의 자라지 않고 있던 이 대나무는 잭과 콩나무의 그 콩나무처럼 쑥쑥 자라기 때문이다. 4년 동안 간신히 3cm가 자랐던 이 대나무는 5년째부터 하루에 무려 30cm씩 폭풍성장을 한다. 이 모소 대나무는 그로부터 한 달 반이 지나면 그 높이가 15m에 달하게 된다. 심은 지 4년 동안 거의 자라지 않는 것처럼 보였던 모소 대나무는 4년간 땅속 수백 미터에 이르는 거대한 뿌리를 내리며 성장을 준비했던 것이다. 우리의 아이디어도 모소 대나무와 비슷하다. 오랜 시간 동안 지식과 경험이 뿌리내려야만 비로소 독창적인 아이디어와 기발한 발상을 할 수 있게 된다. 지식으로 쌓이는 경험에는 직접적인 것도 있지만 간접적인 경험도 있다. 물론 백문이 불여일견이라는 말처럼 직접적인 경험이 가장 중요하지만 우리에게 주어진 시간과 공간의 제한으로 인해 직접적인 경험의 기회는 적을 수밖에 없다. 그래서 시간과 공간이 허락하는 범위 내에서 간접적인 경험을 쌓는 것이 필요하다. 간접적인 경험은 책, 신문, 뉴스, 전문가의 조언 등 여러 가지 많은 방법으로 쌓을 수 있다. 이런 많은 간접경험 중 가장 좋은 방법은 독서일 것이다. 독서는 한 저자가 자신의 분야에 대해 적게는 수년간 많게는 수십 년간 연구해 온 지식과 경험들의 총 집합체이기 때문이다.

창의적인 아이디어를 끌어내기 위해서는 '다문 다독 다상량多聞 多讀 多商量'하는 것이 중요한데 많이 듣고 많이 읽고 많이 생각하는 사람은 창의적인 사람이 될 수밖에 없다. 한 예로, 독일의 대문호 괴테의 어머니는 괴테가 상상력과 창의성이 커지도록 많은 노력을 했다. 괴테에게 큼

직한 서재를 마련해주어 그곳에서 다양한 분야의 많은 독서를 할 수 있게 해주었다. 덕분에 괴테가 간접적인 경험과 폭넓은 지식을 습득할 수 있는 좋은 기회가 되었다. 훗날 괴테는 다양한 독서습관으로 인해 상상력과 창의성을 기를 수 있었다고 말했다. 이처럼 창의성이란 새로운 생각이나 개념을 찾아내거나 기존의 생각이나 개념들을 새롭게 연결하고 조합하는 과정이다. 따라서 무에서 유를 찾아낼 수는 없다. 나의 생각은 이미 어떤 누군가가 했던 생각들에 내 생각이 합쳐진 것이다. 그렇기 때문에 다양한 지식과 경험이 쌓여야만 아이디어의 토양이 만들어진다.

프랑스의 유명한 철학자 데카르트는 "좋은 책을 읽는 것은 과거의 가장 뛰어난 사람들과 대화를 나누는 것과 같다"고 말했다. 나도 책 읽기를 좋아한다. 책을 통해 다양한 사람들의 이야기를 접하다 보면 다채로운 지식과 경험이 쌓여 지혜로워지는 내 자신을 발견하게 된다.

뇌를 춤추게 하는 독서법, 남독

좋은 독서법에는 다양한 방법들이 있다. 끊임없이 질문하면서 읽어라, 천천히 읽으면서 행간에 숨은 의도를 파악하라, 자신이 저자라 생각하면서 저자의 입장에서 읽어라, 책 속에 감추어진 다양한 관점과 가치를 찾아라 등…. 어떤 책을 어떤 방식으로 읽든 간에 독서가 우리에게 지식과 지혜를 안겨다 준다는 사실에는 변함이 없다.

많은 책 읽기 중에 '남독濫讀'이라는 독서법이 있다. 남독이란 한 번에 한 권씩 읽지 않고 여러 종류의 책을 동시에 읽는 것을 말한다. 상상력과 창의성을 키워주기 위해서는 남독濫讀이 바람직하다는 연구 결과가 있다. 미국 캘리포니아대학교 연구팀은 각양각색의 책을 읽는 사람들이 데이터를 분석하거나 새로운 패턴을 학습하는 능력이 일반 사람들보다 더 크다고 발표했다. 남독을 하게 되면 다양한 분야의 다양한 지식을 동시에 습득하게 된다. 또한 다양한 지식을 동시에 습득하게 되면 우리의 두뇌는 좌뇌와 우뇌의 다양한 분야가 골고루 발달한다. 좌뇌와 우뇌가 동시에 발달하면 생각들을 서로 연결하고 조합하는 능력이 발휘되어 상상력과 창의성을 길러주기 때문이다.

카이스트 바이오·뇌 공학과 정재승 교수는 학생들에게 글을 써오라는 과제를 내면 다들 비슷한 내용을 제출한다고 한다. 왜냐하면 각자의 이야기가 저장된 메모리에서 내용을 약간만 바꾸어 생각하기 때문이다. 하지만 과제를 바꿔서 책의 아무 페이지나 펼치게 하여 서로 다른 두 문장을 임의로 발췌해 글을 쓰게 하는 글짓기 과제를 내면 상황은 달라진다고 한다. 학생들은 두 개의 사건을 논리적으로 설명하는 뇌 영역이 활발히 움직여 상식이나 고정관념에서 탈피하게 된다는 설명이다. 그래서 훨씬 더 참신하고 독창적인 글을 제출하게 된다고 말했다. 또한 정재승 교수는 창의적인 학생들은 암기하는 것을 싫어하는 편인데, 기본 원리를 파악하고 생각하는 데 시간을 많이 사용하기 때문이라고 했다. 수학 신동들은 사칙연산과 같은 쉬운 문제에서는 뇌를 거의 안 쓴다. 대신 수학 올림피아드나 경시대회에서 어려운 문제가 나오면 집중력을 발휘하고 뇌가 활발히 활동한다. 반면 평범한 학생들은 사칙 연산과 같은 쉬운 문제를 풀 때에는 뇌가 너무나도 바쁘게 움직이지만, 막상 어려운 문제에 부딪치면 뇌가 조용해진다.

창의적인 아이들은 질문을 자주하는 편이다. 그렇지만 혼자 알고 있는 지식과 논리의 범위 안에서 엉뚱하지만 스스로 답을 찾으려고 노력하는 아이가 더 창의적이다. 좋은 생각 사람들의 《좋은 생각》에 조금은 엉뚱하지만 창의적인 아이에 대한 일화가 나온다.

어떤 남자가 중요한 일이 실패하여 안 좋은 마음으로 버스를 타고 집에 가고 있었다. 그런데 빗방울이 하나둘씩 떨어졌다. 정류장에 내리자 빗발이 더욱 굵어졌다. 설상가상으로 우산 좀 가져다 달라고 집에 전화 했는데 아무도 받지 않았다. 임시방편으로 가방을 머리에 올리고 달렸다. 하지만 얼마 못 가 가게 처마 밑에 서서 발만 동동 굴리는 신세가 되었다. '언제쯤이나 비가 그칠까?' 하며 하늘을 쳐다보는데 전화가 왔다. 오늘 늦는다는 어머니의 전화였다. 이대로 비가 멈출 때까지 기다리느냐, 가방을 우산 삼아 집까지 뛰어가느냐를 고민하고 있을 때였다. 이 남자에게 노란 우산을 쓴 한 아이가 다가왔다.

"아저씨, 집까지 제 우산을 같이 쓰고 갈래요?" 자세히 보니 가끔 동네에서 마주쳤던 아이였다. 하지만 아이가 쓰고 있는 우산을 보니 아주 조그만 어린이용 우산이었다. 둘이 쓰고 가다간 비에 홀딱 젖을 것이 분명한 상황이었다. 고맙지만 아이한테 혼자 쓰고 가라고 말했다. 그러자 아이가 이 남자에게 말했다. "아저씨, 이 우산을 아저씨와 같이 쓰면 둘 다 젖을까봐 그러죠? 저에게 아주 좋은 생각이 있어요!" 아이는 남자의 귀를 잡아당겨 속닥거렸다. 그리고 이 아이 덕분에 이 남자는 무사히 집에 갈 수 있었다. 이 아이의 좋은 생각은 바로 우산을 든 아이를 남자가 업고 가는 것이었다.

이 남자의 생각이나 개념에서 보자면, 우산은 한 사람이 하나씩 쓰는 것이고 둘이 같이 쓰려면 큰 우산이어야 했다. 아이가 가진 우산은 작았기 때문에 둘이 같이 쓰는 것은 불가능하다고 생각한 것이었다. 그러나 창의적인 아이는 우산을 쓰고 반드시 남자와 함께 나란히 걸어갈 필요는 없다고 생각했다. 그래서 남자가 자기를 등에 업으면 한 명이 우산을 쓸 수 있는 상황과 같아진다고 생각한 것이다. 아이는 자기의 지식 범위 안에서 다소 엉뚱하기는 했지만 스스로 답을 찾으려고 노력했던 것이다.

독서광, 세상을 이끄는 창의적인 사람들

일반적으로 부자들과 가난한 사람들 간에는 독서하는 습관의 차이가 크다고 한다. 부자들이 가난한 사람들보다 책을 더 좋아하고 더 많은 시간을 투자한다고 알려져 있다. 마이크로소프트사의 빌 게이츠는 작은 마을의 초라한 도서관이 오늘날의 자신을 만들어 주었다고 말한 적이 있다. '빌 게이츠, 워런 버핏 학교를 가다'라는 프로그램에서는 초능력이 생긴다면 가장 갖고 싶은 능력은 무엇이냐는 질문에 두 사람 모두 세상에서 가장 빨리 책을 읽는 능력이라고 답했다. 한글을 창제한 세종대왕도 엄청난 독서광으로 알려져 있다. 신하들을 위한 독서경책도 마련해 휴가를 주고 집에서 마음껏 독서하고 지식과 지혜를 얻으라는 가르침을 주었다. 그렇기에 조선왕조 500년의 역사 속에서 세종대왕 집권 시기에 가장 최고의 과학 강국을 이루었던 이유가 아닐까 싶다.

자신의 분야에서 가장 높은 위치까지 오른 사람들은 하나같이 독서광이었다. 독서는 다른 사람의 지식과 경험을 통해 인생의 시행착오를 줄여준다. 상상력과 창의성도 키워주기 때문에 개인의 발전은 물론 조직과 국가의 발전에까지 큰 영향을 미친다. 독서는 지식을 쌓아주는 것뿐 아니라 스트레스를 해소하는 데에도 매우 효과적이다.

영국 서식스대학교에서 진행한 연구에 의하면 책을 읽을 때 스트레스가 많이 감소하는 것으로 나타났다. 심장박동수도 낮아지고 근육의 긴장까지도 풀린다고 한다. 재미있는 사실은 독서할 때 스트레스가 해소되는 수준이 음악 감상이나 산책보다도 높은 것으로 나타났다. 게다가 경희대학교병원 연구팀은 독서가 창의성 발휘에 영향을 미친다는 연구 결과를 밝혔다. 독서를 할 때 우리의 뇌는 고차원적인 사고를 하게 된다. 고차원적인 사고로 연상, 기억, 추론, 이해 등과 같은 사고력이 활성화되어 상상력과 창의성이 커진다는 것이다. 독서로 쌓인 지식과 지혜는 자기 안의 고정관념과 편견을 없애준다. 아는 만큼 보인다는 말처럼 자유자재로 생각할 수 있는 힘을 길러준다. 다양한 지식과 지혜를 쌓아 언제 어디서든지 편하게 꺼내어 창의적인 아이디어를 발휘할 수 있는 힘을 키워보는 것은 어떨까?

처칠 가, 케네디 가, 루즈벨트 가, 이율곡 가, 박지원 가 등은 세계적인 명문가로 알려져 있다. 이런 명문가들도 그 명성을 떨치는 비결을 독서 교육법이라 말할 정도로 독서에 대한 중요성은 아무리 강조해도 지나치지 않다. 광고인 박웅현 대표는 아이디어란 전파와 같아서 안테나를 세우면 창의성을 기를 수 있다고 말했다. 안테나를 세우기 위해서는 다양한 책을 잘 읽어야 한다는 것이다.

지식을 수용하는 연습

평소 책 읽기를 즐겨하는 사람들을 곁에 두고 가까이 지낼 수 있는 것은 큰 축복이다. 하지만 이 방법 이외에도 다른 독서 방법이 있다. 책 읽는 모임에 직접 참가해보는 것이다. 온라인 모임이 될 수도 있고, 오프라인 모임이 될 수도 있다. 나도 한 달에 한 번씩 참석하는 북 세미나가 있다. 지인이 운영하는 북 세미나이기에 편안한 마음으로 참여하고 있다. 한 달에 한 권씩 운영자가 정해주는 다양한 책들을 회원들이 읽어보고 참석한다. 경제, 경영, 사회, 문화 등 다양한 주제로 진행되는 독서 모임이라 나에겐 다양한 지식과 경험을 쌓을 수 있는 유익한 활동이다.

먼저 운영자가 한 시간가량 그 달 선정된 책에 대해 프레젠테이션을 한다. 그 후 각자가 읽은 소감이나 특이사항을 서로 발표하고 토론한다. 서로 토론하다 보면 내가 읽었을 때는 이해되지 않았던 내용이 이해되는 경우도 많다. 쉽게 이해했던 내용들 중에 다른 사람들의 의견을 듣고 나서 관점의 차이를 느끼는 부분도 생긴다. 이런 독서 모임에 참가하다 보면 다양한 발상의 전환이 가능해진다. 내가 고른 책이 아니라 다른 사람이 선정한 책이기 때문이다. 내가 책을 고르면 평소 관심 있던 분야만 고를 가능성이 높다. 그러나 다른 사람이 고른 책이기에 접할 기회가 적었던 책들을 다양하게 섭렵할 수 있는 좋은 계기가 된다. 광범위한 분야라 폭넓은 지식과 다양한 간접경험이 쌓이는 것은 말할 필요도 없다.

사람들이 서로 같은 책을 읽게 되면 그 주제에 대한 공감대가 3~4배는 증가한다고 한다. 또한 같은 조직 내에서 조직 구성원들이 책을 통해 지혜를 얻어 아이디어를 내고 토론하는 문화는 중요하다. 다른 부서 간에 생길 수 있는 벽을 허물고 서로의 관심사를 공유할 수 있기 때문이다. 서로간의 보이지 않는 벽을 깨고 관심사가 공유되면 조직력도 강화된다. 스스로 책 읽기가 습관이 되지 않은 사람이나 책은 읽고 싶은데 어떤 책을 읽어야 할지도 모르겠고 책을 읽고 난 후에 그 책에 대한 다양한 이야기를 누군가와 나누고 싶다면 상상력과 창의성을 길러주는 독서 습관을 생활화하기 위해 다양한 독서 모임에 참여하기를 조언한다. 직장이나 학교 내에서의 독서 클럽에 가입할 수도 있고, SNS를 통한 독서 모임에 참석할 수도 있다. 상상력과 창의성도 풍부해지고, 사람들과의 대인관계도 친밀해져서 사회생활도 더 즐거워지는 기회를 맛볼 수 있을 것이다. 다양한 분야의 책들을 두루 섭렵해 각양각색의 지식과 경험을 쌓는 것은 요즘 같은 세상에 필수적이라고 본다. 하지만 이렇게 얻은 지식과 경험이라 할지라도 그냥 머릿속에만 있다면 아무런 의미가 없다. 인간은 망각의 동물이기 때문에 좋은 지식과 값진 경험은 순간순간 기록해야 한다. 기록해서 간직하게 되면 그때 비로소 진정한 나의 지식과 경험으로 자리매김하게 된다.

평소 기록을 잘했던 것으로 유명한 사람들이 많다. 링컨 대통령은 긴 모자 속에 늘 종이와 연필을 넣어 다니며 메모했다고 한다. 가곡의 왕으로 불린 오스트리아의 작곡가 프란츠 슈베르트도 악상이 떠오를 때마다 메모한 것으로 유명하다. 그는 때와 장소를 가리지 않고 기록하는 것을 좋아해 식단표는 물론 자기 앞에 앉아있던 사람의 등에도 메모했다고 한다. 나 역시 평소에 좋은 책이나 신문 등을 보다가 좋은 문구나 기억에 남기고 싶은 정보가 생기면 메모를 한다. 내용 그대로 작성하기도 하고 필요에 따라 요약하기도 하여 워드작업을 해서 컴퓨터에 파일로 저장해둔다. 이런 다양한 자료들이 쌓이면 각양각색의 생각들이 가능해지고, 발상의 전환이 쉬워져 창의적인 아이디어가 발휘될 수 있는 기반이 마련된다. 개인용 컴퓨터뿐 아니라 노트북, 스마트 태블릿, 스마트 폰 같은 편리한 기록 도구들을 활용하면 메모가 훨씬 쉽다. 예를 들어 스마트 폰의 경우에는 필요한 자료를 검색한 후 화면을 캡처하거나 즐겨찾기에 등록하여 정보를 보관할 수 있다. 이처럼 언제 어디서든지 편하게 꺼내어 사용할 수 있는 나만의 아이디어 저장소 하나쯤은 만들어 놓는 것이 좋다.

창의적인 아이디어를 위해 많이 읽고 많이 생각한다는 것은 중요하다. 하지만 무조건 다양한 종류의 책들을 그냥 많이 읽기만 해서는 안 된다. 주어진 시간이 넉넉하지 않기 때문에 좋은 책을 고르는 것이 필요한 것이다. 물론 각양각색의 책들을 모두 섭렵한 친한 지인이 있다면 조언을 구해도 좋을 것이다. 하지만 이것이 어렵다면 직접 고를 수밖에 없다. 요즘은 페이스북 등의 SNS를 활용하는 다양한 매체를 통해 천차만별의 추천 게시물들이 우리의 눈과 귀를 현혹하고 있다.

내가 생각하는 좋은 책을 고르는 첫 번째 기준은 책 표지에 실린 글과 작가 소개글을 보는 것이다. 지금 내게 필요한 책인지 아닌지를 알 수 있기 때문이다. 그리고 목차를 천천히 살펴보는 것도 중요하다. 책의 모든 내용을 거르고 걸러 요약한다면 최종 남게 되는 글은 목차이기 때문이다. 마지막으로 개인마다 차이가 있겠지만 나는 프롤로그를 살펴본다. 프롤로그에는 저자가 책을 쓰게 된 배경과 쓰고자 하는 글의 주제가 나타나 있기 때문이다.

잠든 창의를 자극하는 유머
유머를 만드는 연습

유머는 창의성을 선물한다

2차 세계대전이 일어난 지 얼마 안 되었을 때의 일이다. 영국의 처칠 수상이 미국의 원조를 받기 위해 루스벨트 대통령을 만나러 갔다. 처칠이 호텔에서 샤워하고 수건만 한 장 걸친 채 소파에 앉아 있었다. 그런데 예정에 없었던 루스벨트가 갑자기 찾아온 것이다. 처칠은 루스벨트를 보고 벌떡 일어섰다. 일어설 때 처칠의 허리를 감쌌던 수건이 흘러내렸다. 그 순간 루스벨트는 깔끔한 정장, 처칠은 벌거벗은 임금님이 되었다. 평범한 사람이라면 알몸이 된 상태에서 안절부절못했겠지만 처칠은 달랐다. 이때 처칠은 "보시다시피 영국의 수상은 미국의 대통령에게 무엇 하나 감추는 것이 전혀 없소."라는 재치 있는 유머로 상황을 모면할 수 있었고, 이 유머 한마디로 처칠과 루스벨트는 허물없이 담백한 대화를 나눌 수 있었다. 결국 영국은 미국으로부터 기다린 원조를 받는 데에도 성공했다.

쇼펜하우어는 관념과 실제 사이에 웃음이 생겨난다고 했다. 칸트는 기대했던 것이 갑자기 사라질 때 웃음이 나온다고 말했다. 사람의 뇌는 앞서 나가는 것을 좋아하는데, 다른 사람들이 이야기를 하면 우리의 뇌는 앞으로 어떻게 진행될 것이라는 어림짐작을 한다. 어림짐작이 맞는 경우도 있지만 전혀 다를 때도 있다. 어림짐작과 전혀 다른 결과가 벌어질 때 웃음이 나오는 것이다. 앞서 소개한 루스벨트 대통령의 일화도 여기에 해당한다. 사람들이 유머를 좋아하는 이유는 웃음을 좋아하는 인간의 본성 때문이다. 고사를 치를 상에 올리는 돼지머리도 웃는 돼지가 더 비싸다고 하지 않던가. 유머란 사람들의 마음을 즐겁게 하고 웃게 만드는 것으로 의사소통의 한 형태다. 기가 막힌 타이밍의 유머 한마디로 주변 사람들은 미소 짓고 행복해진다. 유머를 듣고 함께 웃다보면 정서적인 친밀감도 커져서 원만한 대인관계에도 도움이 된다.

카네기 공대의 연구 결과에 따르면 사회적으로 실패한 사람들의 85%가 대인관계가 원만하지 못했기 때문이라고 한다. 지식이나 기술이 부족해서 실패한 사례는 불과 10% 정도밖에 안된다. 사회생활에 실력이란 부분이 중요한 것은 사실이다. 하지만 원만한 대인관계는 실력과는 상관없이 상황을 긍정적으로 바꿀 수 있는 놀라운 힘을 지닌다. 그렇다면 원만한 대인관계를 위해 가장 필요한 것은 무엇일까?

창의적이고 독창적인 아이디어가 중시되는 시대에 유머감각을 중시하는 기업들이 늘어나고 있다. 미국의 사우스웨스트 항공은 직원을 선발할 때 유머감각이 있는 사람을 우선적으로 뽑는다고 한다. 유머감각이 있는 사람이 창의적이고 업무처리 능력이 뛰어나다고 판단하기 때문이다. 실제로 사우스웨스트 항공의 면접관이 지원자에게 이런 질문을 했다고 한다. "고객이 우리 회사에 전화를 걸었는데 계속 연결이 늦어집니다. 그래서 고객에게 불편을 주게 되었다고 가정한다면 당신은 이 상황을 어떻게 해결하겠습니까?" 이 질문을 들은 지원자 중에 한 사람은 이렇게 대답했다. "네, 저는 고객에게 이렇게 말하겠습니다. '담당자와 30초 이상 연결되지 못한 고객께서는 8번을 눌러주십시오.' 그렇다고 빨리 연결되는 것은 아니지만 적어도 기분은 나아질 것입니다." 이런 재치 있는 답변을 한 지원자는 채용되었다. 게다가 그의 참신한 아이디어는 이 회사의 공식 안내방송으로 채택되었다고 한다.

창의성의 대가인 에드워드 드 보노는 유머가 인간의 두뇌 활동 중 가장 탁월하며, 유머를 사용하면 상상력과 창의성이 커진다고 했다. 청중들 앞에서 자주 말을 하게 되는 정치가, 연예인, 아나운서, 강사 등은 유머감각을 키우기 위해 남다른 노력을 한다. 유머감각이 있는 사람은 업무도 잘하고 어려운 상황도 잘 처리한다. 미국의 전직 대통령들 중에서는 유머감각이 뛰어난 사람들이 많다.

링컨은 대통령이 되기 전 상원의원에 출마했다. 상대편 출마자는 링컨을 보면서 이렇게 비난했다. "링컨, 당신은 두 얼굴을 가진 이중인격자요." 그러자 링컨은 웃으며 말했다. "제가 두 얼굴을 가지고 있다면 오늘같이 중요한 자리에 왜 이렇게 못생긴 얼굴을 가지고 나왔겠습니까?"

영화배우 출신의 레이건 대통령도 유머러스하기로 잘 알려져 있다. 어느 날 레이건 대통령이 저격수의 총을 맞고 병원에 실려 왔을 때의 일이다. 병원에 도착한 레이건 대통령은 간호사에게 말했다. "내 몸에 손을 대다니, 당신은 내 아내의 허락을 받았나요?" 수술실로 들어온 외과 의사들에게는 이런 말을 건넸다. "여러분들은 당연히 공화당원들이겠죠?" 놀라서 달려온 아내 낸시에게는 "요즘 내가 정신이 없어서 그랬는지 깜박하고 총알 피하는 걸 잊었어요."라며 자신 때문에 불안과 걱정에 휩싸였을 가족에게 도리어 유머로 대했다. 한 나라의 대통령이었지만 저격을 당해 병원에 실려 왔던 어려운 순간에서도 다른 사람들의 걱정을 덜어주려고 노력했던 그의 유머는 본받을 만하다.

웃는 표정을 지으면 뇌도 덩달아 웃는다

독일의 심리학자 프리츠 슈트라크, 레너드 마틴 그리고 자비네 스테퍼는 아주 재미있는 실험을 진행했다. 먼저 실험 참가자들을 두 그룹으로 나눈다. 첫 번째 그룹에게는 볼펜을 입술로 물게 했다. 두 번째 그룹에게는 볼펜을 위아래의 어금니로 물게 했다. 그러고는 똑같은 만화책을 읽게 하고, 시간이 지난 후 자기가 읽은 만화책에 대한 평가를 하게했나. 결과는 어땠을까? 아주 놀라웠다. 동일한 만화책을 읽었지만 위아래의 어금니로 볼펜을 물고 본 그룹이 더 재미있었다고 대답했다. 위아래의 어금니로 볼펜을 물면 웃고 있는 표정이 된다. 반면 입술로 볼펜을 물면 찡그린 표정이 나온다. 결국 억지웃음이라고 해도, 웃으면서 경험한 것을 더 긍정적으로 평가한다는 것이다.

우리의 감정 상태를 반영하는 말로 '안면 피드백 가설Facial Feedback Hypothesis'이라는 것이 있다. 이는 표정의 변화에 따라 감정도 얼마든지 바뀔 수 있다는 가설이다. 하지만 일부러 억지웃음을 짓는다 해서 무조건 긍정적이 되거나 기분이 좋아지는 것은 아니다. 다만 일부러 웃고 있다는 생각을 못할 정도의 작은 표정 변화만으로도 기분 좋은 감정을 불러낼 수 있다고 한다. 대뇌의 감정중추와 표정을 담당하는 운동중추는 가까이 붙어있어 서로 영향을 주고받기 때문이다. 또 다른 한 연구팀은 헤드폰으로 음악을 들으면서 음악에 대한 평가를 해보는 실험을 했다. 실험 참가자들을 두 그룹으로 나누었다. 한 그룹은 음악을 들으면서 고개를 끄덕거리도록 지시했다. 다른 그룹은 음악을 들으면서 고개를 왼쪽 오른쪽으로 가로젓게 지시했다. 이번 결과는 어땠을까? 물론 예상한 대로 고개를 끄덕거린 그룹이 고개를 가로저었던 그룹보다 좋은 평가를 했다. 게다가 판매하려고 하는 상품을 컴퓨터 모니터를 통해 보여줄 때에도 평가가 다르게 나타났다. 한 번은 모니터 화면이 가로로만 움직이도록 했고, 한 번은 모니터 화면이 세로로만 움직이게 보여주었다. 이번 결과도 마찬가지로 화면이 세로로만 움직일 때 높은 평가가 이루어졌다. 세로로만 움직이는 모니터 화면에서는 하나의 화면이 바뀔 때마다 고개를 끄덕이는 모습이 되기 때문이다. 긍정적인 제스처가 긍정적인 마인드를 이끈 결과다.

유머는 사람을 웃게 만든다. 웃음은 긍정적인 에너지를 만들어 내어 자신뿐만 아니라 주변에까지 영향을 미친다. 평소 좋은 상황에서나 안 좋은 상황에서나 웃음을 잃지 않는 사람은 실제로 몸과 마음에 긍정적인 효과가 나타나고 긍정적인 일들이 물질화되어 성공에 더욱 가까워진다. 이처럼 긍정적인 사람들은 열린 사고를 하게 되어 상상력과 창의성을 발휘하게 됨은 물론이다.

유머가 창의성을 키워준다는 연구 결과는 자주 언급되고 있는데 그 중에 텔아비브대학교 연구팀은 창의성과 유머와의 상관관계를 조사했다. 코미디 앨범을 듣고 난 다음 창의성 테스트를 해보니 앨범을 듣기 전보다 무려 20%나 향상된 점수를 기록했다. 메릴랜드대학교 연구팀은 코미디를 시청하는 것만으로도 두뇌퍼즐게임을 푸는 능력을 두 배 이상 키워준다고 발표했다. 노력만으로도 웃을 수 있고, 노력만으로도 상상력과 창의성은 길러진다. 행복하기 때문에 웃는 것이 아니라, 웃기 때문에 행복해진다는 이야기처럼 말이다.

유머감각이 창의성만 키워주는 것일까?

하버드 비즈니스 리뷰Harvard Business Review에 따르면 유능한 임원일수록 유머감각이 뛰어나다고 한다. 직절한 유머를 자주 사용하게 되면 회의 중에 적대감을 해소하고 긴장감을 줄여줘 원활한 의사소통이 가능해진다고 한다. 슈바이처 박사도 유머를 활용한 대화를 좋아했다.

슈바이처 박사가 죽어가는 많은 사람들의 생명을 구하기 위해 아프리카 오지로 떠날 때의 일이다. 떠나기 전에 모금운동을 하려고 오랜만에 고향에 들렀다. 수많은 사람들이 이 위대한 성자를 맞이하기 위해 기차역으로 몰려들었다. 그런데 1등 칸이나 2등 칸에서 나오리라 생각했던 사람들의 예상과는 달리 슈바이처는 허름한 3등 칸에서 나타났다. 사람들이 왜 편안한 자리를 마다하고 굳이 비좁고 지저분한 3등 칸을 이용했느냐고 묻자 박사는 이렇게 대답했다. "아, 네. 이 열차엔 4등 칸이 없더라고요."

노스캐롤라이나대학교 연구팀은 끔찍한 내용의 영화를 두 그룹에게 보여주었다. 영화를 보여주기 전에 두 가지 종류의 프로그램을 먼저 보여줬다. 한 그룹은 끔찍한 내용의 영화를 보기 전에 코미디 프로그램을 보여주었고, 다른 그룹은 여행 프로그램을 보여주었다. 실험 결과, 여행 프로그램을 본 그룹보다 코미디 프로그램을 본 그룹이 심리적으로 스트레스를 덜 받았다. 이처럼 유머는 스트레스를 줄여주는 효과도 있다. 뿐만 아니라 결혼 및 가정생활 심리 연구로 유명한 미국의 존 가트맨 박사는 유머가 부부싸움을 할 때 생기는 극도의 긴장 상태를 완화시켜 줄 수 있는 중요한 수단이라고 말했다. 유머감각은 창의성을 넘어서 부부생활이나 가정생활 등에도 긍정적인 영향을 미친다.

어떤 실험에서는 유머가 통증에 어떤 영향을 미치는지를 조사해보았다. 코미디 프로그램과 자연 다큐멘터리 프로그램을 각각 시청한 후 찬물에 손을 넣고 얼마나 통증을 느끼는지에 대한 실험이었다. 조사 결과, 빌 코스비의 코미디를 시청한 후가 자연 다큐멘터리를 시청한 후보다 섭씨 1.7도의 찬물에 더 오래 손을 넣을 수 있었다. 유머가 우리의 통증도 줄여준다니 그 효과가 대단하다. 게다가 웃음은 우리의 면역기능에도 영향을 미친다는 연구 결과도 있다. 미국 로마린다대학교 연구팀은 웃음이 면역 기능에 긍정적인 효과를 낸다는 것을 밝혔다. 웃음은 감염질환이나 암으로부터 몸을 보호하는 킬러세포의 생성을 촉진시키고 뇌의 엔돌핀 분비를 늘리는 등 면역기능을 향상시키는 놀라운 효과를 보였다. 즐겁고 긍정적인 생활을 하는 사람들이 그렇지 않은 사람보다 더욱 건강하게 오래 산다는 것이 실제로 증명된 셈이다. 그런 의미에서 요즘은 심리치료나 웃음치료가 더욱 활성화되고 있는 것이다.

미국의 전 단거리 육상선수 칼 루이스는 100m 달리기 경주 때 처음에는 어느 정도 다른 선수들과 비슷하게 달리다가 한 20m 정도를 남겨놓고 씨익 한번 웃는다고 한다. 이 웃음은 엄청난 힘을 집중시켜 신기록 단축으로 이어지고 실제 우승하는 데도 도움을 준다고 한다. 일부러 만들어낸 웃음이라도 웃음이 몸 안에 내재되어 있는 엄청난 힘을 이끌어 내주는 것임은 틀림없다. 웃으면 복만 오는 것이 아니라 힘도 함께 오는가 보나.

유머를 만드는 연습 I
언어의 유희 활용하기

|

유머감각이 있었으면 좋겠다는 바람은 누구나 가지고 있을 것이다. 세상에는 유머감각이 뛰어난 사람보다 그렇지 못한 사람들이 훨씬 더 많다. 유머감각이 부족한 사람들은 친구가 말해주는 유머, SNS를 통해 날아오는 유머를 열심히 모은다. 사람들이 모였을 때 외워온 유머를 꺼내 보지만 다들 아는 유머란다. 무안해진다. 게다가 입담 좋은 친구한테 한 방 얻어맞기라도 하는 날이면 앞으로 유머는 입 밖에 내지도 않겠다는 다짐도 한다.

나름 공들여 외운 유머가 왜 재미없는 걸까? 외운 유머는 생동감이 떨어지기 때문이다. 생동감 있는 유머는 무엇일까? 생동감 있는 유머란 상황에 맞는 애드리브가 들어간 유머다. 그렇다면 상황에 맞는 애드리브가 들어간 유머는 어떻게 만들어지는 것일까? 어떤 연습이 필요한 것일까? 몇 가지 따라해 볼 수 있는 기술들이 있다. 먼저 언어의 유희를 활용하는 방법이다. 상대방의 이야기를 들으면서 잘못 들은 것처럼 표현하는 기술을 말한다. 물론 상대방이 생각하기에 잘못 들을 수 있다고 여겨지는 언어로 구사하는 것이 중요하다. 이 말을 들은 사람은 상대방이 말을 실수했구나 생각하다가 금세 애드리브란 사실을 깨달으며 웃게 된다. 이것이 애드리브로 가는 첫 단계다. 몇 가지 유머를 가지고 연습해보자.

한 남자가 멋진 레스토랑에서 식사를 하고 있었다. 식사 중에 아름다운 클래식이 흘러 나왔다. 곡명이 궁금한 이 남자는 웨이터를 불렀다. "이봐요. 웨이터! 지금 이게 무슨 곡입니까?" 웨이터가 익살스럽게 웃으며 대답한다. "소고깁니다."

이 웨이터는 무슨 곡이냐는 질문을 잘 이해했다. 그렇지만 유머러스한 이 웨이터는 언어의 유희를 발휘해 무슨 고기냐는 질문으로 이해한척했다. 그리고 '소고기'라는 적절한 애드리브를 던질 수 있었다. 평소발음은 비슷하지만 전혀 다른 뜻의 '동음이의어'를 많이 알아두는 것이 중요하다.

몸이 허약해서 힘을 기르기 위해 헬스장에 간 한 남자. 헬스장에서 아는 친구를 만났다. 그 친구가 이 남자에게 비웃듯 말했다. "너도 운동하냐!" 그러자 이 친구가 대답한다. "아니, 실내환데."

마찬가지로 이 남자가 표현한 것은 운동하고 있느냐는 질문을 운동화를 신고 있느냐는 질문으로 잘못 이해한 척 표현한 애드리브다. 무시하는 듯 말한 질문에 유머러스하게 응수한 좋은 사례다.

국어시간에 한 아이가 선생님께 질문했다. "송사리와 꼽사리는 같은 종류의 물고기인가요?" 국어 선생님이 대답한다. "수업시간에 삑사리 내는 질문하지 마라!"

이 국어 선생님도 언어의 유희를 사용했다. 이번에는 운율을 활용한 애드리브다. 송사리, 꼽사리, 삑사리 순으로 연결시킨 방식이다. 비슷한 소리가 나는 단어들을 서로 연결해서 표현한 방법이다. 이처럼 언어의 유희는 유머감각을 키우기에 좋은 방법이다. 많은 비슷비슷한 단어를 익히는 것이 필요하다. 시간과 장소에 어울리는 적절한 애드리브로 유머러스한 사람이 되어보자.

유머를 만드는 연습Ⅱ
비대칭 구조로 생각하기

에드워드 드 보노는 유머는 창의성과 마찬가지로 비대칭 현상에서 생겨난다고 말했다. 비대칭 현상이란 역발상처럼 전혀 예측하지 못했던 상황이나 결과가 나오는 현상이다. 사람들은 원인과 결과, 인풋과 아웃풋이 늘 같아야 한다는 기대를 한다. 유머감각을 키우기 위해서는 바로 이 원인과 결과가 같아야 한다는 기대감부터 깨는 것이 중요하다. 상황을 비대칭 구조로 상상해보는 연습이 필요하다. 예를 들어 다음과 같은 문제를 푼다고 가정해보자.

1+2=3 그리고 4+5=9 그리고 10+3=1 그렇다면 12+5=?

1+2=3과 4+5=9 여기까지는 논리적으로 이해가 간다. 쉬운 연산문제다. 원인과 결과가 같아지는 대칭적인 상황이기 때문이다. 하지만 10+3=1이라는 것은 비논리적이며 비대칭 상황이 되어 버린다. 머리는 혼란에 빠진다. 그래서 12+5의 답을 쉽게 17이라고 말하지 못하는 것이다. 이 문제는 연산과 관련된 것이 아니니 빨리 비대칭 구조로 문제를 재정의해야 한다. 우리 주변에서 이런 숫자와 관련된 상황은 없을까 생각해 본다. 그러다가 벽에 걸린 시계를 바라보면 답이 떠오른다. 10시에서 3시간이 흐르면 1시가 되니까. 비대칭 구조를 연습하려면 평소 논리성에서 벗어나 의외의 결과가 나오는 상상을 자주 해보아야 한다. 예측 가능한 대답보다는 뒤집어 생각해보고 비틀어 생각해보는 연습이 필요하다. 몇 가지 유머를 가지고 연습해보자.

고양이 가면을 쓰고 놀 때는 "야옹"하고 소리를 낸다. 강아지 가면을 쓰고 놀 때는 "멍멍"하고 소리를 낸다. 그렇다면 오징어 가면을 쓰고 놀 때는 무슨 소리를 낼까?

우리는 생각하기 시작한다. 오징어는 어떤 소리를 낼까? 그런데 오징어가 내는 소리는 들어본 적이 없다. 머리가 복잡하다. 소리라는 것에 집중하지 말고 행동이나 상황이란 것을 상상해보자. 그렇다면 이런 답이 떠오를 수 있다.

"함 사세요!"

한 환자가 수술대에 누웠다. 의사가 수술 준비하는 것을 보면서 환자는 너무 긴장되어 의사에게 말했다. "의사 선생님, 제가 처음 수술을 하는데요. 너무 긴장돼 죽겠어요!" 그러자, 의사는 환자의 어깨를 두드리며 위로의 말을 건넨다.

어떤 위로의 말을 했을까? 대칭적인 상황으로 생각해보자면 "많이 걱정되시겠어요."라는 위로의 말 또는 "걱정하지 마세요. 제가 경험이 많은 의사라 수술은 잘될 겁니다."라는 자신감의 표현 등 다양한 위로와 관련된 말들을 생각해볼 것이다. 그렇지만 비대칭적인 상상을 해보면 이런 대답도 나온다.

"괜찮아요. 저도 처음인걸요."

이웃집에 살고 있는 아줌마 두 명이 집 앞에서 우연히 만나 이런저런 얘기를 나눈다. "요즘 매일 이 시간이면 외출하시던데. 어디 다니세요?" "아! 네. 요즘 저희 남편이 반찬이 맛없다는 얘기를 자주 해서 학원엘 좀 다녀요." "아, 그렇구나. 요리학원 다니시는군요?" 그러자 아줌마가 대답한다.

대칭 상황에서는 "네. 길 건너편 요리학원을 다니고 있어요." 정도가 평범하게 떠오를 것이다. 그렇지만 비대칭 상황으로 상상력을 발휘해 보자. 만약 남편이 반찬 투정하는 것이 마음에 안 들었다면 어떤 상황이 벌어질 것인가? 이렇게 되면 생각은 나래를 펴기 시작한다. 그러다가 유머러스한 발상의 전환이 이루어진다. 아줌마가 대답한다.
"아니요. 유도학원 다녀요."

교통사고로 죽은 세 사람이 옥황상제 앞에 가게 되었다. 옥황상제가 세 사람에게 물었다. "장례식에서 당신이 관 속에 있을 때, 친구나 가족들이 애도하면서 당신에 대해 뭐라고 말하는 것을 듣고 싶은가?" 첫 번째 사람이 대답했다. "저는 아주 유능한 의사였으며 훌륭한 가장이었다는 말을 듣고 싶습니다." 두 번째 사람이 대답했다. "저는 아주 좋은 남편이었으며 아이들의 미래를 바꾸어 놓은 훌륭한 교사였다는 이야기를 듣고 싶습니다." 그러자 마지막 사람이 말했다.

　당신이 마지막 사람이라고 가정한다면 뭐라고 말할 것인가? 그것도 유머러스하게 말이다. 먼저 다른 사람들처럼 말한다면 "저는 아주 훌륭한 직장 상사였으며 가정을 행복하게 꾸려왔다는 말을 듣고 싶습니다." 정답이 복수다. 그리고 연습했던 비대칭 구조를 적용해 본다면 어떨까? 두 사람이 모두 좋은 말이었으니까 나는 반대로 나쁜 말을 해본다.

　"저는 개성이 아주 강한 나쁜 남자였다는 소리들 듣고 싶습니다." 글쎄. 비대칭 구조로는 적합하지만 유머코드가 많이 부족한 답변이다. 비대칭 구조이면서 앞의 두 사람이 했던 방향과는 전혀 상관없는 애드리브가 필요한 시점이다. 이런 답변이라면 재밌지 않겠는가?

　"저는 이런 말을 듣고 싶습니다. 앗! 관 속에서 소리가 난다!"

모방하지 않는 자는 망한다
차별화를 위한 베끼기 연습

어느 가족이 주말에 야외로 나들이 가는 중이었다. 자동차를 운전하고 있던 아빠한테 유치원 다니는 아들이 물었다. "아빠! 자동차 바퀴는 어떻게 돌아가는 거야?" 아빠는 전날 TV에서 본 자동차에 대한 시사프로가 생각났다. 그리고 그 시사프로에 나온 전문가가 설명하던 방식을 모방해서 아들에게 대답했다. "응. 그건 말이다. 연료통의 휘발유가 연소되면서 발생하는 열에너지를 기계적 에너지로 바꾸어 자동차가 움직이는 데 필요한 동력을 얻어서 말이야. 그리고 클러치였던가. 맞아 클러치, 변속기, 추진축, 차륜 순서로 동력을 전달해 바퀴를 움직이는 거란다."

아빠는 자신이 설명하고도 자랑스러웠다. 어제 본 프로를 제대로 벤치마킹했다는 자부심과 함께. 하지만 아빠의 장황한 답변에 머리가 아파진 아들은 엄마에게 다시 물었다. "엄마! 자동차 바퀴는 어떻게 들어가는 거야?" 엄마는 자기 스타일대로 대답한다.

"빙글빙글."

벤치마킹, 모방은 제2의 창조

모방은 창조의 어머니라고 했던가? 사람들은 다른 사람의 좋아 보이는 것을 흉내 내고 따라하는 것을 좋아한다. 연예인이 멋진 옷을 입으면 자신도 그 옷을 따라 입어본다. 인기가수가 근사한 노래를 부르면 노래방에 가서 똑같이 따라해 본다. 물론 무에서 유가 나올 수 없듯이 우리는 누군가가 이미 생각해놓은 것에 나의 생각을 얹어 살아가는 것일지도 모른다. 하지만 내 나름의 것으로 재해석하고 내 안에서 다듬어져야 온전히 내 것이 된다.

중국 월나라에 서시라는 여자가 있었다. 눈부신 미모로 당대의 절세미인으로 불리던 여자다. 하지만 서시는 속병이 있어 이따금씩 가슴을 움켜쥐며 얼굴을 찡그리곤 했다. 한번은 마을에 사는 못생긴 여자가 서시가 찡그리는 표정을 보고 아름답다고 생각했다. 그래서 그녀도 서시를 흉내 내기 시작했다. 가슴에 손을 얹고 눈살을 찌푸린 채로 돌아다

넀다. 그러나 아름답기는커녕 끔찍한 모습을 본 마을사람들은 그녀를
더 싫어했다. 그런데 재미있는 일은 이 못생긴 여자 말고도 많은 여자
들이 서시를 따라했다는 것이다. 그러다가 돌에 맞아 죽은 여자도 있다
고 한다.

나만의 개성과 정체성이 없이 무조건 따라하기만 한다면 발전은커녕
퇴보만 있을 뿐이다. 모방이나 따라하는 것도 때에 따라서는 필요하다.
중요한 것은 모방하거나 따라하더라도 나만의 차별화된 방법으로 해
야 한다는 사실이다.

벤치마킹Benchmarking이라는 용어가 실생활에서도 많이 사용되는데
이는 기업에서 경쟁력을 키우기 위해 다른 기업에서 좋은 것을 배워오
는 혁신적인 기법을 말하며, 모방하는 것과 그대로 복제하는 것과는 차
원이 다르다. 벤치마킹은 다른 기업의 장점과 단점을 비교·분석해서
자기 기업의 경쟁력을 높이려는 활동이다. 미국의 제록스가 처음 벤치
마킹을 시작한 것으로 알려져 있다. 일본의 캐논 복사기가 제록스의 복
사기보다 큰 히트를 치자, 이에 대한 대응책으로 마련한 방법이 벤치마
킹이다. 제록스는 벤치마킹을 통해 제조시간을 아끼고 비용을 절약하
는 등의 가시적인 성과를 거뒀다. 제록스뿐만 아니라 GE까지도 벤치마
킹에 성공하자 많은 기업들이 벤치마킹을 활용하기 시작했다. 벤치마
킹의 첫 번째 주자였던 제록스를 모방해 성공한 기업도 있다. 이 기업
은 바로 스티브 잡스가 이끌고 있던 애플이다. 1981년 제록스가 만든
'앨토'라는 컴퓨터와 함께 등장한 마우스는 투박하고 비쌌다. 게다가

쉽게 고장 나기까지 했다. 이를 보던 스티브 잡스는 몇 년 뒤 반응이 빠르고, 내구성이 뛰어나며, 가격도 적당한 애플의 마우스와 함께 매킨토시를 등장시켰다. 매킨토시는 그때까지 역사상 가장 혁명적이고 대중적인 PC 중 하나였다. 제록스는 마우스라는 엄청난 아이디어를 시장에서 히트작으로 만들지 못했다. 하지만 애플은 제록스의 능력을 벤치마킹해 성공의 기회로 사용했던 것이다. 경쟁자들에게 배운다는 뜻의 벤치마킹은 참신하고 독창적인 아이디어를 위한 효율적인 기반이 된다.

실생활 속에서 발견되는 벤치마킹의 사례도 다양하다. 한겨울에 날씨는 계속 추워지고 난방비는 올라만 갔다. 난방비를 줄이기 위해 어떤 사람이 아이디어를 냈다. 제품을 담을 때 사용하는 종이 박스 안에 제품이 깨지지 않게 채워 넣던 완충제를 보고 낸 아이디어다. 이 완충제를 우리는 '뽁뽁이'라 부른다. 누구나 한 번쯤은 갖고 놀아본 경험이 있을 것이다. 뽁뽁이를 누르면 퐁퐁 터지는 소리와 느낌이 참 재밌다. 이 뽁뽁이를 난방을 위한 아이디어로 벤치마킹한 것이다. 뽁뽁이를 유리창에 붙이면 고급 단열재 못지않은 성능을 자랑한다. 이 기발한 아이디어 하나로 단번에 대한민국 유리창은 '뽁뽁이 유리창'이 되었다. 그야말로 뽁뽁이 열풍이 몰아쳤던 것이다. 이 난방용 뽁뽁이를 보고 다시 벤치마킹한 사례도 있다. 가족들이 캠핑하러 갈 때 사용하던 야외용 텐트를 집안에 설치한 것이다. 텐트 자체가 단열효과가 뛰어나기 때문에 난방비를 줄이고 따뜻한 겨울을 보낼 수 있다. 벤치마킹을 하다보면 상상력이 늘어나 창의적인 아이디어가 많이 떠오른다.

차별화를 위한 베끼기 연습 I
메타인지 능력 기르기

창의적인 아이디어를 위해서는 모방하는 것이 필요하다. 중요한 것은 모방하려는 대상을 선정하는 것이다. 하지만 더 중요한 것은 내가 무엇이 부족하고 무엇이 필요한지를 깨닫는 일이다. 아는 만큼 보인다는 말이 있다. 내가 아는 것이 무엇이고 모르는 것이 무엇인지를 파악해야만 나의 부족하고 필요한 부분을 알게 된다. 나의 부족하고 필요한 부분을 알게 되면 모방하고 벤치마킹해야 할 대상을 고를 수 있다. 나에게 적합하고 다른 사람들과는 차별화된 벤치마킹이 가능해지는 이유가 여기에 있다.

내가 무엇을 알고, 무엇을 모르고 있는지를 아는 능력을 '메타인지Meta cognition능력'이라고 한다. 메타인지 능력을 키우게 되면 자신에 대한 이해와 평가가 가능해져 무엇이 필요한지 빨리 깨닫는다. 그래서 무슨 일을 할 때에도 남들보다 더 효과적인 전략을 사용할 수 있다.

미국 북부 산속의 숲을 두 사람이 걷고 있었다. 이때 그들 앞에 사납게 생긴 곰 한 마리가 나타났다. 갑자기 한 사람이 엎드려 재빨리 신발 끈을 단단히 동여맸다. 그러자 옆에 사람이 말했다. "자네, 정신 나갔나? 저 곰보다 빨리 뛸 수 있을 거라고 생각해?" 그러자 그 사람이 대답했다. "물론 불가능하지. 하지만 자네보다만 빠르면 되지 않겠어?"

재미있기도 하고 목숨이 걸린 살벌하기도 한 이야기다. 여기서 한 사람은 아는 범위가 곰과 자신과의 속도에만 한정되어 있었다. 그러나 신발 끈을 단단히 동여맨 사람은 메타인지 능력이 높은 사람이다. 곰과 자신과의 속도 비교뿐 아니라, 곰이 두 명을 동시에 공격하지는 못한다는 사실까지 판단한 것이다. 그 후 자신이 다른 한 사람보다 빨리 도망쳐야 한다는 것을 알았던 것이다. 지금 가장 필요한 것은 바로 신발 끈을 단단히 동여매는 것임을 파악한 것이다.

2014년 모 방송사에서 '전교 1등은 알고 있는 공부에 대한 공부'라는 제목으로 방송이 이루어졌다. 이 프로그램에서 아주 흥미로운 실험이 진행되었다. 전국 석차 0.1% 안에 들어가는 800명의 학생들과 평범한 학생 700명을 비교하면서 두 그룹 간의 차이를 조사한 실험이었다. 먼저 서로 연관성 없는 단어 25개를 학생들에게 제시한다. 그리고 단어 하나당 3초씩 모두 75초 동안 보여주고 얼마나 기억할 수 있는가를 검사했다. 그러나 이 검사의 핵심은 검사하기 전에 '자신이 몇 개의 단어를 기억해 낼 수 있겠는가'를 먼저 밝히고 단어를 기억하는 것이었다. 즉 이것은 자신의 지식 습득 능력을 자신이 얼마나 정확하게 예측할 수 있느냐를 조사하는 실험이었다. 검사 결과 아주 놀라운 사실이 밝혀졌다. 상위 0.1%의 학생들은 자신이 예측한 개수와 실제 기억해 낸 개수가 비슷했다. 그렇지만 평범한 학생들은 이 편차가 매우 컸다. 이렇듯 메타인지 능력을 갖추어야만 알고 있는 것과 모르는 것을 구분할 수 있다. 그래야 부족한 부분이나 분야를 어떻게 참조해야 하는지, 무엇을 벤치마킹해야 하는지를 알게 된다. 알고 있는 지식들을 서로 조합하고 부족한 부분은 벤치마킹하여 창의성을 높일 수 있는 것이다.

차별화를 위한 베끼기 연습 II
나만의 차별화된 벤치마킹에 도전하기

우리는 기존의 것을 벤치마킹해서 남보다 뛰어난 아이디어나 혁신적인 신제품을 내놓으면 사람들이 좋아할 것이라 생각한다. 더 훌륭한 아이디어나 신제품이라 하더라도 사람들이 꼭 필요로 할 것이라 생각하는 것은 착각이다. 재미있는 사례를 소개한다. 우리가 알고 있는 쥐덫에 관한 이야기다. 여러분들은 혹시 알고 있는가?

지금까지 공식적으로 특허가 이루어진 쥐덫만 4천 개가 넘는다는 사실을 말이다. 그중 20개 정도의 디자인이 상업적으로 활용되고 있다는 사실도 신기하다. 왜냐하면 우리가 떠올리는 쥐덫의 모양은 직사각형 모양의 나무판 위에 철로 된 올가미 모양이 올려져 있는 것뿐이니 말이다. 우리가 아는 그 쥐덫이 바로 '용수철 쥐덫'이다. 이 쥐덫은 1899년에 만들어졌다. 너도 나도 열심히 쥐덫을 만들어 특허까지 받았지만 사람들이 선택한 쥐덫은 우리가 알고 있는 그 '용수철 쥐덫' 뿐이다. 4천 개 이상의 쥐덫이 모두 외면당했던 것이다. 아무리 기존의 것을 모방해서 더 좋은 것으로 업그레이드하더라도 차별화된 어떤 핵심이 없으면

사람들에게 선택되지 않는다. 창의적인 아이디어는 사람들이 평가하기 마련이다. 사람들은 새로운 아이디어가 과거의 아이디어를 버려도 될 만한 가치가 있는지 꼼꼼히 따져본다. 더 참신한 디자인과 좋은 성능의 쥐덫이 4천 개도 넘게 나왔는데도 말이다.

창의적이란 뜻의 'Creative'는 '자라나다, 커지다'의 라틴어 'Crescere'가 어원이다. 머릿속에서 생각이 자란다는 의미에서 점차 창의적이라는 뜻으로 쓰이게 되었다. 고대 유럽인들은 아기가 배 속에서 자라는 것과 씨를 뿌려 곡식이 자라는 것을 신비롭게 여겨 아기나 곡식이 자라는 것을 라틴어로 'Crescere'라 했다. 그러니 창의성이란 '생각이 점점 커지게 되어 창의적인 아이디어를 발휘한다는 것'을 의미한다. 다른 사람들의 생각들을 모방하여 나의 생각들에 연결하고 키워나가다 보면 창의성이 커지게 되는 것이다. 다양한 모방과 벤치마킹을 통해 상상력과 창의성을 길러보자.

몰입은 재능이 아니라 훈련이다
무언가에 빠져드는 연습

어떤 젊은이가 지혜로운 왕을 찾아갔다. 왕에게 성공적인 인생을 가르쳐 달라고 간청했다. 왕은 청년에게 갑자기 술잔을 건넸다. 그리고 술잔에 포도주를 가득 부었다.

"이 포도주 잔을 들고 시내를 한 바퀴 돌고 오면 성공적인 인생에 대해 가르쳐주겠다. 단, 포도주를 한 방울이라도 흘리면 네 목을 벨 것이다."

겁에 질린 이 젊은이는 진땀을 흘려가며 시내를 한 바퀴 다 돌았다. 정말로 포도주를 단 한 방울도 흘리지 않고 말이다. 왕이 청년에게 물었다.

"시내를 돌며 무엇을 보았느냐? 장사하던 사람들을 보았느냐? 구걸하던 거지는 보았느냐?"

"포도주 잔에 신경을 쓰느라 아무것도 못 보았습니다."

그러자 왕이 청년에게 말했다.

"바로 그것이 성공적인 인생을 사는 비결이다. 하나의 목표에 집중하고 몰입하면 주위의 유혹과 상념은 사라지는 것이다."

창의성은 신의 선물이 아닌 몰입의 산물

창의적인 사람들은 자신의 분야에서 커다란 업적을 이루는 경우가 많다. 아인슈타인, 뉴튼, 레오나르도 다 빈치, 에디슨 같은 창의적인 과학자들, 스티브 잡스나 빌 게이츠 같은 CEO들, 워런 버핏 같은 투자자들처럼 자신의 분야에서 높은 성과를 발휘하는 사람들에게는 몰입을 잘한다는 공통점이 있다. 아리스토텔레스가 "광기 없는 위대한 천재는 없다."고 말했듯이 이들은 무섭게 몰입한다. 고도의 집중력을 발휘하면서 자기만의 기준을 세워 철저히 행동한다. 팽팽한 긴장감도 유지하면서 목표를 향해 자신을 내던진다. 한 가지 특이한 점은 몰입을 잘하는 사람들은 꼭 중요한 일이 있을 때만 몰입하는 것이 아니라는 사실이다. 아주 일상적인 평범한 삶 속에서도 몰입하는 것이 내면화되어 있다. 집안을 정리정돈 한다든지 요리를 한다든지 다른 사람들과 소소한 대화를 나눌 때도 몰입을 잘하는 사람들은 지금 일하고 있는 건지 놀이를 하고 있는 건지에 대한 구분이 애매할 때가 많다. 늘 탄력적인 사고방식을 갖고 있기에 언제든지 모드 전환이 가능한 것이다. 이런 사람들을 창의적인 사람이라고 부르는 이유다. 미국의 심리학자인 미하이 칙센트미하이는 창의적인 사람들은 자신의 일에 몰입하는 성향이 강하다고 말했다. 타고난 흥미와 일치하고 개인적인 능력과 깊이 연관된 활동을 할 때 몰입을 경험할 가능성이 크다고 했다. 창의적인 사람들의 삶을 되돌아보면 늘 자신이 원하고 바라던 일들을 하며 살아왔다는 사실을 알게 된다. 창의적인 사람들은 누군가 이미 걸어왔던 길보다는 자신만의 길을 만들어 걸어왔다. 예를 들어 헨리 포드 같은 위대한 기업가가 컨베이어벨트를 이용해 처음으로 생산 라인을 만들기 전까지는 이 세상에는 자동차 조립공이란 직업이 존재하지 않았다. 이처럼 현재의 상황을 새롭게 바꾸기 위해 집중하고 몰입하는 사람만이 세상 사람들에게 긍정적인 혜택을 줄 수 있다.

몰입을 경험하기 위해서는 뚜렷한 목표를 가지는 것이 좋다. 목표가 없으면 한곳으로 정신을 집중하기가 어렵고 그만큼 산만해지기 쉽기 때문이다. 뛰어난 집중력과 몰입 능력을 자랑하던 빌 게이츠는 자신의 성공 비결에 대해서 "좋아하는 일을 하다 보니 즐거워 열심히 했고, 열심히 하다 보니 미쳐서 몰입하게 되었다."고 말했다. 이 밖에도 성공한 사람들 중에는 자신의 성공 비결을 노력과 몰입이라고 말하는 사람들이 많다. '미치지 않으면 미치지 못한다.'는 뜻의 '불광불급不狂不及'이란 단어가 몰입을 표현해주는 가장 좋은 말이 아닐까 싶다.

당신의 삶을 바꾸는 몰입의 뇌 과학

어떤 남자가 국궁을 배운 지 얼마 안 되었을 때의 일이다. 국궁의 초보자였던 이 남자가 과녁을 향해 활을 겨누고 있었다. 이 남자는 손에 두 개의 화살을 들고 있었다. 그때 옆에 있던 백발의 스승이 이 남자에게 말했다. "화살 하나는 버리시오!"

이 남자는 스승의 말을 이해할 수 없었다. 초보자인 자신에게 화살 하나만 사용하라니 이해하기 힘들었다. 그러나 이 남자는 스승의 말에 따랐다. 하나밖에 없는 화살에 집중했다. 그리고 과녁에 몰입했다. 놀라운 일이 벌어졌다. 손에서 화살이 떠나고 얼마 안 있어 과녁의 정중앙을 맞춘 것이다. 그러자 스승은 웃으며 이렇게 말했다.

"또 다른 기회가 있다고 생각하면 아무리 화살이 많아도 과녁을 맞힐 수 없다네."

나는 이 이야기가 몰입하는 방법을 잘 표현했다고 생각한다. 그렇다면 도대체 어떤 사람이 몰입을 잘하고 어떤 사람들이 몰입을 잘하지 못하는 것일까? 천재들이나 열정적인 사람들만이 몰입을 잘할 수 있는 것일까? 이 몰입의 정체는 바로 뇌에 있다. 엄마는 아이가 잘하면 칭찬하는 의미로 아이의 입에 사탕을 물려준다. 마찬가지로 우리의 뇌도 무엇인가에 대해 칭찬할 때 도파민이라는 선물을 안겨준다. 뇌는 칭찬 사탕인 도파민 분비를 통해 즐거움을 주는 보상체제를 갖고 있다. 도파민은 새로운 것들에 대한 탐색, 주의력, 성취감 등과 관련된 호르몬이다. 흥분, 쾌감, 충동을 불러일으키는 과격함도 가지고 있다. 특정한 행동을 한 후 긍정적인 보상이 이루어지는 경우에는 뇌의 도파민 신경체계가 활성화된다. 예를 들면, 운동경기에서 승리하게 되면 쾌감을 느끼게 되어 다시 하고 싶은 욕구가 생긴다. 몰입도 마찬가지다. 몰입하면 도파민이 많이 생성되는데 도파민의 수치가 올라가면 기억력과 집중력은 물론이고 창의성도 커진다. 뇌가 충분한 보상을 해주기 때문에 방법만 알면 누구나 몰입할 수 있는 것이다.

우리가 어렸을 때에는 하나에 몰입할 수 있는 집중력이 강했다. 끊임없이 질문하고 궁금해하고 호기심이 넘치는 아이였다. 그런데 언제부터인가 질문하는 것을 부끄러워하고 질문을 멈추기 시작했다. 이유가 무엇일까? 왜냐하면 우리가 네다섯 살까지는 부모나 주변 어른들에게 질문을 하면 참 똑똑한 아이라고 칭찬받고 귀여움을 독차지했었다. 그렇지만 예닐곱 살이 되면서부터는 질문하기가 어려워졌다. 부모와 선생님은 아이들이 자신들이 원하는 답을 말하는 것을 좋아하기 때문이다. 초등학교에 입학해서부터 이런 현상은 더 커진다. 선생님은 창의적인 다양한 종류의 질문보다는 학업과 관련된 질문을 좋아한다. 부모는 학습과 관련되지 않은 질문에 눈살을 찌푸린다.

몰입할 수 있는 습관을 키우려면 몰입할 수 있는 환경이 필요하다. 학교에서는 무턱대고 암기시키는 교육 대신 문제를 해결하는 능력을 가르쳐야 한다. 정형화된 시험을 통해 해답만을 찾게 되면 금방 개념을 잊어버린다. 정답보다는 해답을 찾아가는 과정이 중요하기 때문이다. 즉 창의적인 생각과 참신한 발상이 박수 받을 수 있는 환경이 중요하나, 학교에서나 직장에서는 '모난 돌이 정 맞는다'와 같은 강직하거나 두각을 나타내며 잘하는 사람이 남에게 미움을 받는다는 뜻의 속담도 하루 빨리 사라져야 한다.

실내에서도 멋진 날씨를 기대하게 해준 캐리어 에어컨

워낙 한 번 몰입하면 다른 어떤 것도 생각하지 못했던 윌리스 캐리어라는 인물이 있었다. 그는 처음으로 에어컨을 탄생시킨 사람이다. 1902년 젊고 스마트한 전기 기사였던 윌리스 캐리어는 난방과 환기 설비회사에서 근무했다.

어느 무더운 여름날 한 인쇄소의 일을 맡았을 때의 일이다. 뜨거운 열기와 습도 때문에 인쇄기에서 출력된 인쇄지에 문제가 많이 생겼다. 특히 습한 공기 때문에 인쇄지가 팽창하거나 수축해 인쇄기를 통과할 때마다 인쇄된 글씨와 그림이 엉망이 되었다. 이 문제를 해결하기 위해 캐리어는 이 인쇄소의 온도를 겨울에는 21도 여름에는 26도로, 습도는 항상 55%로 유지할 수 있도록 설계해야만 했다. 온도를 조절하는 일도 일이었지만 습도를 조절하는 방법을 생각해 낸 사람은 그때까지 아무도 없었다. 캐리어는 그 생각에 집중했고 무섭게 몰입했다. '실내 습도를 어떻게 하면 건조하지도 습하지도 않게 할 수 있을까?' 캐리어의 집중력과 몰입 능력은 타의 추종을 불허했다. 한 번 생각하기 시작하면 그 어떤 것도 그를 방해할 수 없었다. 그래서 일상적이며 사소한 것들을 자주 잊어버리곤 했다. 한번은 여행을 가서 호텔에 묵었을 때의 일이다. 호텔에서 자기가 챙겨온 가방을 열어보고는 기절할 뻔했다. 가방 안에는 달랑 손수건 한 장만 들어있었기 때문이다. 이렇게 습도 문제로 고민에 고민을 거듭하던 어느 날, 안개가 자욱한 기차역 승강장에서 기발한 영감이 떠올랐다. 승강장에서 안개를 바라보다가 문득 깨달았던 것이다. '안개는 100% 물로 꽉 찬 공기다. 만약 습도를 정확하게 100%로 만들어낼 수 있다면 더운 공기를 보내어 습도를 55%로도 줄일 수 있지 않을까?' 캐리어는 바로 이 일에 착수해 드디어 원하는 습도를 조절할 수 있는 기계를 만들게 된다. 그의 놀라운 집중력과 엄청난 몰입 능력으로 완벽한 온도와 습도를 만들어낸 것이다. 이것이 바로 세계 최초의 에어컨이다. 캐리어는 실내에서도 쾌적할 수 있다는 개념을 만들어 낸 사람이다. 우리는 지금도 캐리어 덕분에 실내에서도 매력적인 날씨를 즐길 수 있게 되었다.

무언가에 빠져드는 연습

|

가장 몰입이 잘 되는 시기는 자신이 좋아하고 재미있어 하는 일을 할

때다. 자신이 좋아하고 재미있어 하는 일을 할 때에는 누구나 집중력을 발휘한다. 시간도 무척 잘 지나간다. 이렇게 무언가에 빠져들기 위해서는 먼저 자신이 선호도에 적합한 일을 찾는 것이 중요하다. 좋아하는 일을 하면서 집중하고 몰입하는 연습을 해나가면 된다.

몰입을 위한 연습 방법은 네 가지로 설명할 수 있다. 첫 번째는 몰입하는 연습을 위해 평소에 자기암시를 거는 행위를 하는 것이다. 자기암시란 자기 자신에게 어떤 암시를 거는 심리적인 행동을 말한다. 부정적인 예로는 조금 열이 나는 것을 가지고도 자신이 중병에 걸린 것처럼 생각하고 걱정하는 것이다. 긍정적으로는 잠깐 본 오늘의 운세로 아주 좋은 일이 일어날 것이라고 믿는 것을 들 수 있다. 이처럼 아주 사소한 단서를 가지고도 어떤 암시를 반복해서 말하고 생각하면 실제로 이루어질 가능성이 커진다는 것이다. '나는 날마다, 모든 면에서, 점점 더 좋아지고 있다.'라는 문구 하나로 사람들을 치료하며 큰 명성을 얻은 이가 있다. 그가 바로 쿠에공식 또는 위약효과로도 유명한 에밀 쿠에이다. 그는 자기최면을 연구한 프랑스의 심리치료사였다. '나는 날마다, 모든 면에서, 집중력과 몰입도가 점점 더 좋아지고 있다.'를 반복해서 되뇌어보자. 자기암시를 통해 실제로 집중력과 몰입도가 높아지는 효과가 있을 것이다.

두 번째는 몰입하는 연습을 위해 스스로 단기 계획을 세우고 하나씩 실천하는 방법이다. 작은 계획이 성공하게 되면 더 큰 계획을 실천할 때도 성공확률이 높아진다. 왜냐하면 작은 성공으로 생긴 자신감으로 더 큰 목표를 추진할 때도 겁을 안 먹기 때문이다. 게다가 잘 될 것이라는 믿음까지도 생기게 된다. 작은 성공이 큰 성공을 불러오는 이치인데, 스포츠에서 이러한 사례를 쉽게 찾아볼 수 있다.

한 미식축구 팀의 이야기다. 경기 당시 팀의 쿼터백quarterback, 미식축구의 포지션 중의 하나이 갑자기 부상을 당해 감독은 할 수 없이 후보 선수를 내보내게 되었다. 감독은 이 후보 선수가 부상으로 나간 선수처럼 기량이 뛰어나지 않다는 것을 잘 알고 있었다. 그래서 한 번에 터치다운을 할 수 있는 장거리 패스나 상대팀을 돌파하는 어려운 기술은 주문하지 않았다. 감독은 후보 선수에게 비교적 쉬운 작전 명령만 내렸다. 성공 확률이 낮은 원거리 패스 대신 옆으로 던지는 짧은 패스만 시켰다. 거리는 짧지만 이 패스의 성공률은 높았다. 후보 선수는 이 명령을 잘 따랐고 부상당한 쿼터백의 빈자리를 폼 나게 대신했다. 감독은 실전 경험이 별로 없는 후보 선수가 겁먹지 않고 자신감을 갖게 하려면 일단 작은 성공이라도 경험하게 해야 한다는 사실을 누구보다도 잘 알고 있었던 것이다. 이처럼 우리도 작은 것부터 실천하면서 집중력과 몰입도를 높일 수 있다.

미국 미시간대학교 칼 와익 교수는 '작은 승리 전략Small Wins Strategy'을 강조한다. 문제를 잘게 쪼개 작은 문제부터 해결하면 큰 성취감과 안정감을 느끼게 된다. 그러면 더 큰 문제를 해결할 수 있는 자신감과 도전 의지가 생긴다는 것이다. 산을 오르는 게 겁날 때 작은 언덕부터 넘는 것처럼, 작은 것부터 도전해 자신감을 갖는 것과 같다.

　스페인의 라파엘 나달은 세계적인 테니스 선수다. 나달에게는 독특한 특징이 하나 있다. 그것은 바로 클레이코트와 하드코트, 즉 테니스코트의 특징에 따라 그의 능력이 달라진다는 점이다. 나달은 공이 덜 낮게 깔리는 클레이코트에서 더욱 뛰어난 실력을 선보인다. 그는 이런 자신의 장점을 살리고 자신감을 갖추기 위해 큰 경기를 앞두고 늘 하는 운동방법이 있었다. 그것은 바로 남미에서 열리는 작은 대회까지 참가하는 것이다. 세계적인 선수가 작은 대회에 나가면 여유 있게 승리하는 것은 당연하다. 그가 작은 대회에 참가하는 이유는 작은 대회에서의 우승을 통해 승리에 대한 확신을 갖기 위해서다. 승리에 대한 확신을 통해 자신의 컨디션을 최고로 유지하려는 전략을 사용하는 것이다.

　많은 전문가들이 이기는 것도 하나의 훈련이며 습관이라고 주장한다. 아무리 작은 승리라고 할지라도 우리의 뇌는 승리의 경험을 기억한다. 그리고 그 기억을 무의식 속에 각인시킨다. 신경심리학계의 세계적 권위자인 이안 로버트슨의 저서《승자의 뇌》에 '승자 효과Winner effect'라는 말이 나온다. 승자 효과란 주로 생물학에서 다루는 이론으로, 작은 승리가 큰 승리를 만든다는 것을 의미한다. 즉, 자기보다 약한 상대와 싸워 이긴 동물은 그 다음 싸움에서 자기보다 강한 상대를 만나도 이길 가능성이 크다는 것이다. 이렇게 자기 확신을 통해 자신감을 가질 수 있는 것은 자기 확신이 두뇌의 암묵적인 체계를 자극하여 독창적인 생각을 만들어내기 때문이다. 이러한 이유로 많은 학자들이 자신감이 독창성의 토대가 된다고 주장한다. 자기 확신을 갖게 되면 자신이 생각하는 한계를 극복하고, 그 한계를 한 계단 넘어선 독창성을 발휘할 수 있기 때문이다. 삼성이 애플을 보며 '우리는 애플과는 상대가 되지 않는 작은 기업이다.'라는 생각을 가졌다면 오늘날의 세계적인 삼성은 탄생하지 않았을 것이다. 우리가 최고라는 자신감이 있었기 때문에 세계적인 수준의 독창적인 제품들을 지속해서 출시할 수 있었다.

세 번째 방법은 독서하는 습관을 갖는 것이다. 독일의 한 연구소에서 책과 몰입과의 관계를 연구했다. 책을 많이 보는 사람들과 텔레비전을 많이 보는 사람들을 비교해본 것이다. 책을 많이 읽는 사람일수록 몰입 경험을 많이 했고, 텔레비전을 많이 보는 사람은 몰입 경험을 적게 하는 것으로 나타났다. 천재들이나 위대한 사람들은 대부분 독서광이었다. 독서광들은 몰입에 탁월한 능력을 보인다.

마지막으로 손장난이 몰입에 도움이 된다. 뉴욕대학교 연구팀은 사무실 책상에 하나씩 있을만한 개인용 장난감으로 손장난하는 것이 업무에 어떤 영향을 미치는지 조사했다. 사무실 책상에 앉아서 기하학적 퍼즐을 맞추거나 스트레스 볼을 가지고 노는 것만으로도 창의적인 사고를 길러주는 것으로 나타났다. 특히 이런 손놀림이 집중력을 향상시키고 두뇌 회전 속도를 높인다고 한다. 손장난을 할 수 있는 장난감을 하나씩 책상 위에 올려놓고 몰입의 즐거움을 느껴보는 것은 어떨까?

다양한 만남이 변화와 기적을 만든다
지적 성장을 위한 만남의 연습

"사람이 살아가면서 꼭 위로 높아지는 것만이 정답은 아닌 거 같아. 옆으로 넓어질 수도 있는 거잖아. 마치 바다처럼. 넌 지금 여행을 통해 옆으로 넓어지고 있는 거야. 많은 경험을 하고, 새로운 것을 보고, 너무 걱정 마. 넌 그들보다 더 넓어지고 있으니까!"

- 김동영, 《너도 떠나보면 나를 알게 될 거야》 중

창의성에 날개를 다는 다양한 만남

새로운 만남과 다양한 모임은 나를 틀 밖으로 안내해준다. 사실 늘 만
나던 사람들을 만나고 늘 하던 모임에 참가하는 것은 편하다. 신경을
하며 상대를 살필 필요도 없고 말조심할 필요도 없으니까. 그래서 심리
적으로 편하고 안정적이다. 끼리끼리 어울린다는 뜻의 '유유상종類類相
從'. 사람들은 자신과 비슷한 취향, 생활환경, 직업이 비슷한 사람들과
함께 있을 때 편안함을 느낀다. 비슷한 점이 많은 사람들끼리 호감을
느껴 끌리는 현상을 '유사성의 원리Principle of Similarity'라고 부른다.

심리학자 엠스윌러는 재미있는 실험을 해보았다. 먼저 실험 도우미
들을 두 그룹으로 나누었다. 한 그룹은 히피 복장의 불량한 옷을 입혔
다. 다른 그룹은 정장 차림의 깔끔한 복장을 착용하게 했다. 실험은 대
학교 캠퍼스에서 이루어졌다. 이 두 그룹의 도우미들이 대학생들에게
동전이 없다면서 10센트만 빌려달라고 말하는 실험이었다. 결과는 어
땠을까? 대학생들은 자신과 비슷한 스타일의 옷을 입고 있는 사람이
부탁하면 대부분의 학생들이 수락했던 것이다. 반면 자기와 다른 스타
일의 복장을 한 사람에게는 대부분이 거절했다. 사람들은 똑같은 부탁
을 하더라도 자신과 비슷한 사람들의 부탁을 더 잘 들어주는 경향이 있
다. 운전할 때 갑자기 내 앞으로 차가 끼어들면 화가 난다. 그런데 내 차
와 같은 종류의 차가 끼어들기를 할 때는 기분이 덜 나쁘다. 이처럼 사
람들은 자신과 비슷한 것에 자석처럼 끌리는 경우가 적잖다. 뿐만 아니

라 사람들은 자기의 것을 놓지 않으려는 경향도 있다. 이는 '보유효과 Endowment Effect'라는 심리학 이론으로 설명되는데, 보유효과란 사람들이 같은 물건이라도 자신이 소유하지 않은 물건보다 소유하고 있는 물건의 가치를 더 높이 평가한다는 것이다. 이 때문에 자신이 가진 것이 중요하고 더 좋은 것이라 생각하는 비합리성 때문에 손해를 보는 경우도 많다. 예를 들어 주식 값이 폭락할 때 매입한 가격 이하로 팔아 손실을 감당하기보다 주식을 팔지 않고 갖고 있으면서 손실을 더 키우는 것을 말한다.

유유상종, 유사성의 원리, 보유효과, 비슷한 사람과 사물에 대한 편안함. 바로 이것이 사람들을 창의적이지 못하게 만드는 가장 큰 적이기도 하다. 새로운 경험을 한다는 것은 마치 고인 물웅덩이가 깨끗한 샘물로 정화되는 것과 같다. 새로운 것에 열려있는 사람은 스펀지처럼 모든 것을 흡수할 수 있다. 새로운 경험, 새로운 느낌, 새로운 감동이 따라오는 이유다. 새로운 것에 마음과 몸을 여는 것은 창의적인 사람이 되기 위한 첫 걸음이다. 창의성이란 많은 측면들과 연결되어 있다. 지적 호기심, 짜릿한 생동감, 놀라움과 스릴까지도.

새로운 사람들을 만나게 되면 우리의 뇌는 바쁘게 움직이기 시작한다. 이 사람은 그동안 어떤 일을 하며 살아온 것일까? 성격은 활달한 사람인가? 친구들은 많을까? 여러 가지 생각들을 하면서 추측도 해보고 상상력도 발휘해본다. 이러는 동안 많은 생각의 연결과 조합 과정을 거친다. '이렇게 말하는 것을 보니 내 친구 누구와 비슷하네. 그럼 조금 내

성적인 과묵한 성격의 소유자인가?' 이렇게 기존의 생각과 합해도 보고 연결해보기도 한다. 게다가 자신과 비교해보기 시작한다. 상대의 장점과 단점을 살피면서 나의 부족한 부분도 생각해보게 되면서 사람은 지적 성장을 하게 된다. 새로운 사람들의 경험을 들으면서 간접 경험도 생긴다. TV에서 접하고 책에서 보아온 세상과는 전혀 다른 세상, 사람을 만나 알게 되는 생생한 느낌과 감동의 또 다른 세상이 펼쳐진다. 이런 만남은 우리의 뇌리를 빠르게 스쳐갈 수 있는 참신한 아이디어를 잡아낼 수 있게 해준다. 다양한 배경을 가진 사람들과의 만남이 창의적인 아이디어의 토양이 되는 것은 사실이다. 하지만 자칫 잘못하면 맞서는 의견과 잦은 충돌로 쉽게 지칠 수도 있다. 이런 점들만 조심한다면 창의적 아이디어를 도출하면서도 서로에게 도움이 되는 좋은 만남이 될 수 있다.

허핑턴 포스트지는 창의적인 사람들의 특징으로 아름다운 것들에 둘러싸여 있다는 점을 꼽았다. 창의적인 사람들은 미학, 음악, 예술과 같은 아름다움을 추구하는 취향을 지녔다고 한다. 따라서 다채로운 아름다움을 자주 보고 느낄 수 있는 기회를 마련하는 것도 창의성에 날개를 달아주는 셈이다.

수렴적 사고 vs 확산적 사고

새롭고 다양한 사람들을 만나게 되면 우리가 알고 있던 지식이 잘못된 것들도 발견된다. 갖고 있는 생각들이 편견과 선입견에 사로잡혀 있었다는 생각도 든다. 고정관념에서 탈피해야 한다는 다짐도 생긴다. 생각이 열려 다양한 좋은 생각들이 내게 들어오게 되면 그때부터 확산적 사고를 하게 된다.

창의성 연구의 선구자였던 길 포드는 수렴적 사고와 확산적 사고라는 새로운 개념을 제시했다. 수렴적 사고는 판단력과 분석력, 확산적 사고는 상상력과 창의성이 그 특징이다. 확산적 사고를 바탕으로 다양한 관점에서 상황을 관찰하고 나면 새로운 생각이나 개념이 생겨난다. 이 새로운 생각과 개념을 기존에 있던 생각이나 개념들과 연결하고 조합하여 창의적인 아이디어가 떠오른다. 확산적 사고를 위해서는 주어진 상황에 대해 얼마나 많은 양의 대응책과 다양한 방법들을 가지고 있느냐가 중요하다. 그 문제에 대해 얼마나 새로운 것을 추구하는지도 중요한 문제다. 거기에 자신이 가진 정보나 지식들을 얼마나 효율적으로 활용할 수 있는지도 관건이 된다.

신상훈의 저서 《유머가 이긴다》에 보면 수렴적 사고와 확산적 사고에 대한 재미있는 사례가 나온다. 호주의 한 공중전화 회사에서 있었던 일이다. 그 당시 공중전화는 시내 전화 요금이 시간제가 아니라서 한 번 동전을 넣기만 하면 계속 통화할 수 있었다고 한다. 그래서 한 사람이 길게 통화를 하면 뒤에서 기다리는 사람들의 불평불만이 많았다. 이 회사는 문제를 해결하기 위한 대책이 절실했다. 하지만 통화 시간을 줄이거나 추가 요금을 받을 수는 없었다. 다른 전화 회사들과 경쟁력을 갖춰야 했기 때문이다. 모두 고민을 거듭할 때 이 회사의 한 직원이 창의적인 아이디어를 제안했다. 수화기 속에 납을 많이 넣어서 무겁게 만들자는 것이었다. 이 제안대로 수화기를 교체하자 사람들의 통화 시간이 현저히 짧아졌다. 무거운 수화기로 인해 팔이 아팠기 때문이다. 그 결과 회사의 수익은 높아졌다고 한다. 여기서 사람들이 길게 통화해서 불평불만이 많았던 문제 즉, 추가 요금을 받을 수는 없다는 문제에 대한 인식이 바로 수렴적 사고다. 그리고 통화와 요금과는 전혀 관계없는 수화기를 무겁게 만들어 전화를 빨리 끊게 만들겠다는 생각이 바로 확산적 사고다. 확산적 사고는 풍부한 상상력과 창의적인 아이디어를 바탕으로 한다.

이러한 확산적 사고를 잘했던 인물로 발명왕 에디슨이 있다. 에디슨은 늘 다양한 생각과 각양각색의 실험을 통해 창의적인 아이디어를 발휘했다. 에디슨은 직원을 뽑을 때 얼마나 다양한 예측 능력을 가졌는지를 중요시했다. 확산적 사고 능력을 테스트했다는 것이다. 이 테스트는 의외로 단순했다. 에디슨과 식사를 같이 해보는 것이다. 에디슨은 지원자들과 한 명씩 이런 식사자리를 만들었다고 한다. 식사하면서 수프를 먹을 때의 모습을 유심히 관찰한다. 수프를 맛보기 전에 소금을 넣는지를 관찰한 것이다. 수프가 싱거운지 짠지를 모르는 상황에서 소금부터 불쑥 넣는 사람은 확산적 사고 능력이 부족하다고 판단했다. 이런 사람들은 다양한 가능성에 대처할 유연성이 부족하다는 것이었다. 반면 먼저 수프 맛을 보고 필요에 따라 소금을 사용하는 사람이 열린 생각을 가지고 있다고 판단했다. 에디슨 역시 열린 생각으로 확산적 사고를 한 덕분에 수많은 발명품을 만들어낸 세계적인 발명가가 될 수 있었다.

확산적 사고가 창의성을 발휘하는 데 결정적인 역할을 하는 것은 사실이다. 그러나 수렴적 사고 또한 창의성을 발휘하기 위해서는 매우 중요한 과정이다. 수렴적 사고는 확산적 사고를 통해 제안된 아이디어를 평가하고 가장 유망한 것을 골라 실행하기 때문이다. 즉, 확산적 사고는 아이디어의 독창성에, 수렴적 사고는 아이디어의 적절성에 도움을 준다. 그래서 창의적인 아이디어를 내고 이를 실행하기 위해서는 확산적 사고와 수렴적 사고를 모두 활용하는 것이 좋다. 사업에서도 확산적 사고와 수렴적 사고를 하는 사람들이 파트너가 되었을 때가 가장 성공적이다. 대표적인 파트너로 휴렛패커드의 휴렛과 패커드, 마이크로소프트의 빌 게이츠와 폴 앨런, 롤스로이스의 롤스와 로이스 등이 있다.

지적 성장을 위한 새로운 만남

한층 커지는 자신을 위해서 나이, 성별, 직업, 지위의 고하를 따지지 않고 만나는 열린 모임의 장을 추천한다. 이런 모임을 갖다 보면 세상

모든 것에 대해 눈과 귀를 열어놓게 된다. 그만큼 다양한 분야의 사람들을 만나서 다채로운 이야기를 접하다 보면 정보마니아가 될 수밖에 없다. 다양한 정보는 폭넓은 지식과 경험으로 내게 창의성이란 이름으로 돌아온다. 다양한 모임을 갖기 위해서는 다양한 취미활동을 즐겨보는 것이 좋다. 운동을 좋아했다면 독서 모임에 참가해보는 것도 좋다. 평소 영화 보는 것을 즐겨했다면 유명한 미술전시회에 가보는 것도 참신할 것이다. 중요한 것은 자신이 해보지 않았던 경험을 해봐야 한다는 사실이다. 그래야 다양한 분야의 사람들을 만나 접하지 않았던 폭넓은 대화를 나눌 수 있다. 그러면서 우리는 점점 창의적인 사람들이 되어간다.

처음 참석한 모임은 어색하고 쑥스럽다. 시선을 어디에 두고 누구와 이야기를 해야 할지도 난감하다. 누군가 나를 소개해주고 대신 이야기를 이끌어주면 얼마나 좋을까 생각도 한다. 하지만 첫 만남을 누군가 도와주기는 현실적으로 힘들다. 내가 적극적으로 먼저 다가가 사람들에게 호감을 표시하는 것이 중요하다. 먼저 인사도 하고 명함도 먼저 건네야 한다. 사람들 사이에는 부메랑의 법칙이 적용되기 때문이다. 내가 무언가를 먼저 베풀면 역으로 내게 부메랑이 되어 다시 날아온다. 내가 먼저 적극적으로 나를 소개하고 상대방의 말에 경청하는 자세는 좋은 만남이 되기 위해 필수적이다. 사람들을 직접 만나 소통하는 것 외에도 SNS를 통한 소통도 지적 성장을 위해 필요하다. 가상 세계이지만 페이스북, 트위터, 카카오스토리와 같은 온라인상의 만남은 다양한 사람과 소통하게 해주고, 각양각색의 정보를 얻게 해준다. 다양한 분야의 사람들과 교류하고 자신의 글을 게시하는 행동만으로도 우리의 뇌는 활성화된다. 게다가 새롭고 다채로운 지식 습득으로 창의적 아이디어를 만늘어낼 수 있는 기반도 마련된다.

다양한 지적 능력과 대인관계 능력을 향상시키기 위해 온라인상의 만남과 오프라인상의 만남을 모두 지속하는 것이 좋다. 중요한 것은 만남에 그치지 않고 더 넓은 세상을 향해 눈과 귀를 열어야 한다는 점이다. 폭넓은 교류와 다채로운 지식을 통해 수많은 정보가 쌓이게 되고, 쌓인 정보들이 바로 창의성의 생각 도구가 되는 것이다. 이 생각 도구들을 연결하고 조합하면 창의적인 생각을 할 수 있다.

CHAPTER 5

갈팡질팡하는 생각 리셋하기

실패에 대한 두려움을 극복한 사람만이 창의성을 얻는다.
실패에 대한 두려움은 예측하지 못한 위험을 감수하는 일, 새롭게 도전하는 일 등을
못하도록 망설이게 만든다. 결국 실패에 대한 두려움에서 벗어나야
창의성을 발휘할 수 있는 자신감이 생긴다.

Intro

계속 이야기하지만 우리가 말하는 창의성이 엄청난 발견이나 발명을 의미하지는 않는다. 평소 나누는 사소한 대화 속에서 평범한 일상 속에서 자연스럽게 발휘할 수 있는 것이 창의성이다. 창의성을 발휘하기 위해서는 먼저 고정관념을 버리는 것이 중요하다. 그리고 같은 상황에서도 남들과 다르게 생각해보고 행동하려는 노력이 필요하다.

어떤 레스토랑 지배인이 출근하자마자 종업원들을 모아놓고 교육을 한다. "오늘은 다른 날보다 더더욱 손님들에 대한 서비스에 충실하도록 하세요. 알겠죠!" 종업원 한 명이 질문한다. "오늘은 굉장한 거물급 인사가 오시는가 보죠?" 지배인이 대답한다. "아니에요. 오늘 들어온 고기가 아주 질기거든요."

이 레스토랑 지배인처럼 평소 고정관념을 버리고 다양한 관점에서 생각하고 행동하면 창의적인 사람이 된다. 이 세상에 완전히 새로운 것이란 없다는 말처럼 창의성이란 무에서 유를 만들어내는 과정이 아니다. 오히려 유의 상태들을 다양하게 연결하고 조합해 더 나아진 유의 상태를 만드는 것이 바로 창의성이다.

기준이 없으면 결정도 어렵다 vs
기준을 깨야 혁신이 된다

내가 리더십 강의를 듣고 있을 때의 일이다. 강사는 우뇌를 많이 사용하는 사람과 좌뇌를 많이 사용하는 사람들의 특성을 설명하고 있었다. 강사가 질문했다. "여러분들! 눈이 녹으면 무엇이 될까요?" 그리고 무작위로 몇 명에게 답해보라고 말했다.

이때 어떤 교육생들이 대답했다. "물이 됩니다, 고체에서 액체로 변해요, 눈이 녹으면 봄이 와요, 눈이 녹으면 따뜻해져요." 그 강사가 나에게도 질문했었는데, 나는 이렇게 대답했다. "네, 강사님. 눈이 녹으면 안과에 가야 하는데요." 그리고 아주 잠시 동안 침묵이 흐르다가 교육생들이 깔깔깔 웃기 시작했다. 그렇지만 강사의 얼굴은 경직되고 한참 동안 말을 잇지 못했다. 나는 조크를 사용해서 눈snow을 눈eye으로 표현한 것뿐이었는데. 쉬는 시간에 강사는 내게 다가와서 말했다. 나의 대답에 너무나 당황해서 다음 강의 내용이 생각 안 날 지경이었다고. 지금 생각해보면 그 강사는 교육생들이 이렇게 대답할 것이라는 어떤 틀을 가지고 고정관념에 사로잡혀 있었던 것 같다. 고정관념이 한 번 나를 지배하게 되면 나의 창의성은 영원히 멈춰버리게 된다.

이 세상에 답이 없는 문제란 없다

'고정관념'이란 사람의 마음속에 늘 존재하면서 머릿속에서 떠나지 않는 변화하기 어려운 생각을 말한다. 이 세상에 답이 없는 문제란 없듯이 고정관념에서 벗어나면 해결책은 나오기 마련이다. 절대 세울 수 없었을 것만 같았던 '콜럼버스의 달걀', 밤에는 단 음식을 먹지 않아야 한다는 통념을 깨고 잠자기 전에 씹는 껌이라는 콘셉트를 내세운 '자일리톨', 김밥은 동그래야 한다는 개념을 바꿔버린 '삼각 김밥'까지. 이 모두가 고정관념을 탈피해서 창의적인 발상을 이끌어 낸 사람들이 있었기에 가능한 일이었다. 유명한 뮤지컬 〈웨스트사이드스토리〉도 고정관념에 사로잡혀 있던 사람들로 인해 세상에 나오지 못할 뻔했다. 〈로미오와 줄리엣〉을 착안해 만든 이 작품은 뉴욕 빈민가에 사는 이주민들의 갈등을 다룬 뮤지컬이다. 하지만 1940년대만 해도 고정관념에 사로잡혀 있던 투자자들은 너무나도 실험적이었던 이 작품의 투자에 선뜻 나서지 않았다. 심지어 리허설에 들어가기 두 달 전에 제작자가 그만두는 일도 생겼다. 그 당시의 사람들은 뮤지컬이란 로맨스와 코믹이 어우러지고 해피엔딩으로 끝나야 한다는 고정관념을 갖고 있었다. 하지만 〈웨스트사이드스토리〉는 비극적으로 결말을 장식했기 때문에 그 당시로서는 무척이나 파격적이었던 것이다. 그러나 지금은 고정관념을 버리고 창의적인 관점에서 재해석한 수준 높은 작품으로 평가받고 있다.

김광희 교수가 쓴 《창의력에 미쳐라》에 나온 고정관념에 대한 이야기다. 미국의 어느 대학에서 재미있는 실험이 있었다. 한 사무실에는 어른 열 명을 모았고, 다른 사무실에는 초등학생 열 명을 모았다. 실험 내용은 아주 단순했다. 사무실 문을 열고 밖으로 나가는 데 얼마나 시간이 걸리는지를 재는 실험이었다. 실험 결과, 어른 열 명 모두가 몇 분이 지나도록 단 한 명도 나가지 못했다. 아무리 문을 밀거나 당겨도 문은 꼼짝도 하지 않았다. 하지만 초등학생들은 대부분 아주 짧은 시간 안에 문을 열고 밖으로 나갔다. 도대체 왜 이런 일이 생긴 것일까?사실 이 실험에는 작은 트릭이 숨겨져 있다. 이 문은 앞뒤로 밀거나 당겨서 열고 닫는 여닫이문이 아니라 옆으로 밀어서 열고 닫는 미닫이문이었던 것이다. 동그란 모양의 손잡이가 평범한 여닫이문의 손잡이 모양과 같았기 때문에 이런 결과가 일어난 것이다. 어른들은 문의 동그란 손잡이를 바라보았다. 손으로 손잡이를 잡고 이쪽저쪽으로 돌려본 후 문을 당기거나 밀었다. 그러나 문은 전혀 움직이지 않았다. 그동안 보아온 동그란 손잡이는 모두 여닫이문이었다는 고정관념을 가졌기 때문이다. 아이들도 어른들과 마찬가지로 그동안 보아온 동그란 손잡이는 모두 여닫이문이었다. 그래서 처음에는 손으로 손잡이를 잡고 이쪽저쪽으로 돌려보았다. 그러나 문이 열리지 않자 이런 생각을 해 본 것이다. '이상하네. 왜 안 열리지? 옆으로 밀어보면 어떨까?'

어른보다 아이들이 쉽게 문을 열 수 있었던 이유는 '신경가소성Neuroplasticity'으로 설명할 수 있다. 고정관념이 생기면 뇌가 자유롭게 상상할 수 있는 유연성이 떨어지게 된다. 신경가소성이란, 사람의 뇌가 자신의 경험에 의해 변화되는 것을 말한다. 이런 신경가소성은 언어 능력이나 운동 기능의 습득이 자유로운 어린 시절에 가장 발달한다. 아이들이 어른들에 비해 신경가소성이 유연하기 때문에 기존과 다른 방법으로 문을 열어볼 시도를 했던 것이다.

2015년 5월 유튜브에 신경가소성에 대한 재미있는 내용이 올라왔다. 엔지니어인 데스틴 센드린이란 사람이 올린 내용이다. 그는 핸들을 왼쪽으로 돌리면 바퀴가 오른쪽으로 돌아가고, 오른쪽으로 돌리면 바퀴가 왼쪽으로 가는 '거꾸로 자전거'를 소개했다. 그는 처음엔 조금만 연습하면 이 거꾸로 자전거를 탈 수 있을 것이라 생각했다. 하지만 이 자전거는 탈 수 없었다. 페달을 밟을 때 생기는 하향압력, 내 몸무게에 따른 기울기, 핸들을 오른쪽 왼쪽으로 조작하는 일, 바퀴의 회전력 등 자전거 타기와 관련된 우리 뇌의 알고리즘이 복잡하기 때문이다. 우리의 뇌 속에 이미 일반 자전거의 알고리즘이 깊숙이 파고들어 있었던 것이다.

이 모든 것이 알고리즘의 변수로 작용한다. 그래서 이 중 하나라도 다를 경우엔 자전거 타기 전체 시스템에 영향을 준다. 그는 이 자전거를 많은 사람들에게 타 보라고 했으나 성공한 사람은 없었다. 우리의 생각 패턴이 고정되어 있었기 때문이다. 그는 이 자전거를 타기 위해 매일 연습했다. 그 결과 8개월 만에 거꾸로 자전거를 탈 수 있게 되었다. 여기서 그는 호기심이 생겼다. 유전적으로 동일한 자신의 어린 아들은 이 자전거를 얼마 만에 탈 수 있겠느냐는 것이었다. 3년 전부터 일반 자전거를 타왔던 어린 아들은 불과 2주 만에 거꾸로 자전거 타기를 몸에 익혔다.

어른과 아이의 신경가소성의 차이를 분명히 보여주는 결과였다. 나이가 들어감에 따라 우리가 갖고 있는 생각의 패턴이 얼마나 변하기 어려운지를 잘 나타내준다. 고정관념을 탈피하기 위해서는 기존 생각에서 벗어나 새로운 대안을 찾으려는 부단한 노력이 중요하다. 어린아이들처럼 순수하고 천진난만하게 바라보려는 태도 또한 필요하다.

창의성의 천적, 고정관념

나도 앞의 아이들처럼 고정관념을 버리고 창의적인 아이디어를 발휘한 경험이 있다. MBC TV에서 방영하고 있는《진짜 사나이》라는 프로그램을 보면 빨간색 모자를 쓴 무서운 교관, 소대장, 중대장들이 나온다. 나도 오래전에 공군의 논산훈련소라고 할 수 있는 공군 교육사령부란 곳에서 군 복무를 한 적이 있다. 그곳에서 빨간색 모자를 쓰고 2년간 장교중대장으로 근무했었다. 나는 장교후보생들을 훈련시켜서 공군장교로 임관시키는 일을 했다.

어느 날 밤이었다. 10시가 조금 넘은 시간이었는데, 키도 크고 체격도 엄청 큰 장교후보생이 나에게 면담을 신청했다. 자신의 키가 196cm인데 침대가 작아 침대 끝의 발판 쪽에 발이 닿아 쪼그리고 잔다는 것이다. 벌써 열흘째 잠을 설쳤다고 내게 고민을 털어놓았다. 다른 소대장들과 동료들에게 면담을 해 보았지만 방법이 없다는 말만 했다는 것이다. 먼저 소대장들에게 침대 끝 발판을 자르면 안 되냐고 건의했지만, 부대의 물건을 함부로 훼손시킬 수 없다고 했다. 다른 동료들은 그냥 참고 다리를 침대 끝 발판 위에 걸치고 자 보라는 등 현실적으로 도움이 안 되는 의견들뿐이었다. 그렇게 고민하다가 나에게 면담을 신청한 것이다.

나도 그런 면담은 처음 받아보았기 때문에 그 장교후보생과 함께 내무반으로 가 보았다. 그리고 그 장교후보생에게 침대에 누워보라고 말했다. 정말로 발이 발판에 닿았다. 그전까지는 공군에 들어오려면 키가 186cm를 넘으면 안 되었다. 그래서 그 당시 모든 침대들은 190cm의 키까지만 쓸 수 있는 침대 사이즈였던 것이었다. 그러나 그해부터는 196cm까지 공군에 지원이 가능해져서 이런 해프닝이 벌어진 것이었다. 나는 그 장교후보생을 일어나라고 한 다음 침대를 한참 동안 바라

보았다. 그러다가 좋은 아이디어가 떠올랐다. 그 장교후보생에게 창고에 있는 여분의 침대 매트리스를 하나 가져오라고 했다. 그리고 침대에 있는 매트리스 위에 매트리스를 한 장 더 올려놓았다. 그러자 침대 끝 발판의 높이와 매트리스의 높이가 똑같아졌다. 그 장교후보생은 바로 침대에 누워보았다. 드디어 쪼그려야만 했던 두 다리가 펴지는 감격의 순간이었다. 그 장교후보생은 그 큰 키와 체격에 안 맞는 너무나도 천진난만한 표정으로 웃으며 기뻐했다. 발판을 이동하거나 제거해야 한다는 생각에서 발판의 높이와 발이 놓인 높이가 같아지면 된다는 생각에서 나온 아이디어였다. 이처럼 창의적인 아이디어란 대단한 것이 아니다. 지금 내가 생활하는 환경과 주어진 상황 속에서 고정관념을 버리고 새로운 시각으로 바라보면 된다. 그렇게 한번 시도해보는 것에서 창의성은 시작된다.

차동엽 신부의 《무지개 원리》에도 고정관념을 깬 일화가 소개된다. 끝없이 펼쳐진 망망대해를 지나가던 배 한 척이 암초에 부딪혔다. 그리고 이 배는 결국 바다 속에 가라앉게 되었다. 가까스로 살아남은 선원들은 혼신의 힘을 다해 수영을 해서 어느 무인도에 다다르게 되었다. 그들의 상황은 너무나 나빴다. 먹을 만한 음식도, 마실 물도 없었기 때문이다. 무인도 주변은 모두 물이었지만 바닷물은 너무 짜서 마시면 안 된다는 사실을 선원들은 잘 알고 있었다. 그들에게 유일한 희망은 비가 내리거나 지나가는 배가 그들을 발견하여 구조해주는 것뿐이었다. 그러나 아무리 기다려도 바라던 비는 오지 않았고 지나가는 배도 없었다.

굶주림과 갈증으로 지쳐가던 선원들은 서서히 죽어가기 시작했다. 그러다 결국 단 한 명의 선원만이 살아남게 되었다. 이 선원은 어차피 갈증으로 죽느니 바닷물일지라도 한번 마셔보자고 생각했다. 바다로 들어가 정신없이 바닷물을 마셨다. 그러나 예상과 달리 짠맛을 전혀 느낄 수 없었다. 오히려 물맛이 너무 좋아 그동안의 갈증이 한꺼번에 해소되었다. 그는 육지에 누워서 조용히 죽음을 맞이할 준비를 했다. 편안하게 깊은 잠을 자다가 한참 만에 눈을 뜬 선원은 자신이 아직 살아있다는 사실에 깜짝 놀랐다. 이상한 일이라고 생각했지만 매일 이 바닷물을 마시며 하루하루를 살게 되었다. 그러던 어느 날 기적처럼 배가 한 척 지나갔고, 이 남자는 드디어 구조되었다. 나중에 알게 된 사실이지만, 이 바닷물은 소금물이 아니라 식수로 사용할 수 있는 샘물이었던 것이다. 이곳은 지하수가 계속 흘러가는 특별한 바다였기 때문이다.

다른 선원들은 바닷물을 먹으면 더 갈증이 생겨나 결국 죽음에 이른다는 고정관념에 빠져 있었다. 그러나 이 선원은 고정관념을 깬 덕분에 목숨을 건졌다. 고정관념이란 머릿속에 늘 잠재해서 변하기 어려운 생각을 말한다. 고정관념이 생기면 창의적으로 생각하고 판단하기 힘들어진다. 창의성을 키우기 위해서 제일 먼저 멀리해야 할 대상이 바로 고정관념인 것이다. 고정관념에 사로잡히면 문제를 해결하지 못한다. 고정관념을 넘어설 때에만 비로소 답이 보인다.

편견과 선입견, 버리고 또 버려라

미국에서 어느 초등학교 학생들을 대상으로 IQ 검사를 진행했다. 이 검사 결과는 학생들이 전혀 알 수 없었고 담당 교사만 알 수 있는 자료였다. 그런데 문제가 발생했던 것이다. 학년 전체의 자료 입력을 담당한 교사가 실수로 IQ 입력란에 옷장 번호를 입력했던 것이다. 그런데 잘못 입력한 숫자가 우연히도 IQ와 비슷한 숫자로 구성되었던 것이다. 그리고 놀라운 일이 벌어졌다. 딱 1년이 지난 후 그 학교 학생들의 성적이 옷장 번호의 순서와 매우 비슷하게 나왔던 것이다. 옷장 번호가 높은 아이들은 좋은 성적을 받았고, 옷장 번호가 낮은 아이들은 저조한 성적을 기록했던 것이다. 왜 이런 일이 벌어진 것일까? IQ로 기재된 숫자가 옷장 번호라는 사실을 몰랐던 각 반의 교사들은 학생들의 IQ로 착각해 편견을 가지고 학생들을 대해 왔던 것이다. 이렇듯 '편견Prejudice'이란 특정 대상에 대해서 한쪽으로 치우친 의견이나 견해를 가지고 비호의적인 감정적 태도를 보이는 것을 말한다. 편견에 대해 아인슈타인은 "편견을 깨는 것보다 원자핵 하나를 쪼개는 것이 더 쉽다."고 말할 정도였다. 열린 마인드로 천재성을 발휘했던 아인슈타인도 편견을 깨는 것이 상당히 어렵다고 생각했던 것이다.

조직생활에서 모든 동료가 내 맘에 든다면 너무나도 행복할 것이다. 하지만 이런 상황이 펼쳐질 확률은 극히 드물다. 조직에는 내 마음에 들지 않는 사람들이 생각보다 많기 때문이다. 특히 한 번 편견을 갖고 마음에 들지 않는 사람들을 바라보기 시작하면 나쁜 생각은 멈추기 어렵다. 한 예로, 미국의 제16대 대통령 에이브러햄 링컨과 정치인 에드윈 스탠튼 사이에 있었던 편견에 대한 일화가 있다. 스탠튼은 명문대를 수석 졸업하고 아주 잘나가던 사람이었다. 그가 변호사 사무실을 운영하고 있을 때 이웃에 독학으로 공부한 시골뜨기 청년 링컨이 변호사 사무실을 개업했다. 스탠튼은 링컨의 학벌이나 생김새를 보고는 그가 별 볼일 없는 사람이라는 편견을 가졌다. 그래서 스탠튼은 링컨을 촌스럽고 못생겼다고 놀렸다. 이런 수모를 당해오던 링컨은 대통령에 당선되자, 법무장관 자리에 스탠튼을 추천했다. 그러나 링컨 주변의 참모들은 평소 링컨을 비방하고 그에게 편견을 갖고 있던 스탠튼을 심하게 반대했다. 하지만 링컨은 스탠튼의 능력을 높이 평가하고 있었고, 결국 스탠튼은 법무장관으로 임명되었다. 스탠튼은 법무장관이 된 후에도 링컨 대통령에게 한 번도 경의를 표하지 않았다. 링컨이 저격을 당해 세상을 떠난 후, 링컨의 장례식장에서 가장 슬피 울었던 사람은 놀랍게도 스탠튼이었다. 그는 장례식장에서 이렇게 말했다. "나무의 크기와 사람의 크기는 누워 봐야 안다." 링컨에 대한 편견을 버리고 나서야 링컨이라는 인물의 크기와 진가를 알게 되었다는 고백이다. 우리는 출신, 학벌, 부의 크기 등으로 다른 사람들을 바라보는 편견을 가지고 있다. 하지만 링컨은 스탠튼에게 편견 없이 대해왔던 것이다. 우리가 편견을 갖는 순간 우리의 이성과 판단력은 멈춰버린다. 이성과 판단력이 멈춰버리면 더 이상 새로운 아이디어와 창의적 발상은 나오지 않는다. 편견을 버릴 때만이 창의성을 발휘할 수 있다.

독일 문학을 세계적 수준으로 끌어올렸다는 칭송을 받는 요한 괴테는 편견에 대해 "인간을 현재의 모습으로만 판단하면 그는 더 나빠질 것이다. 그를 미래의 가능한 모습으로 보라. 그러면 그는 정말로 그런 사람이 될 것이다."라는 말을 남기기도 했다. 사실 우리가 세상을 살아가면서 주변 사람들에게 많은 편견을 갖게 된다. 상대방을 보고 그 사람에 대해 우리 스스로 판단하고 결정내리는 또 다른 모습이 편견으로 굳어지는 것이다. 그러나 이러한 잘못된 판단과 편견은 상대방을 있는 그대로 볼 수 없게 하여 그 사람의 진심과 상관없는 추측을 하게 되는 경우가 많다. 편견을 없앨 수 있는 좋은 방법으로 상대의 입장에서 먼저 생각해 보려는 '역지사지易地思之'의 노력이 필요하다. 하지만 더 중요한 것은 역지사지의 태도를 취하기 전에 내 판단의 기준이 올바른지 그렇지 않은지를 다시 한 번 생각해보는 것이다. '난 척 보면 금방 알아, 내가 이 분야에서 벌써 몇 년을 근무했는데 한 번만 봐도 알지.' 처럼 사람들은 자신의 판단력을 과신하는 경향이 있기 때문에 섣불리 다른 사람을 나의 기준으로 판단하고 결정짓는 행동은 삼가야 할 것이다.

대기업의 임원진들이 신입사원 면접을 보면서 "난 5분 안에 어떤 사람인지 판단할 수 있어. 바로 보인다니까."라는 말을 자주 사용한다고 한다. 정말로 5분 안에 사람을 판단할 수 있을까? 불과 몇 초 만에 첫인상을 단정 지을 수 있는 것일까? 자신의 판단력을 과신하는 태도에서 편견은 시작된다. 편견과 비슷한 용어로 '선입견先入見'이라는 것이 있는

데 이 선입견은 특정 대상에 대해 사전 정보나 자신이 처음 접했을 때 가진 지식이 강력하게 작용하여 형성되는 변하기 어려운 평가나 견해를 말한다. 선입견도 편견만큼이나 우리가 지닌 위험하고 나쁜 습관이다.

선입견을 깬 기술로 유명한 높이뛰기 선수가 있다. 바로 딕 포스베리다. 1968년 멕시코시티 올림픽에서 미국의 높이뛰기 선수인 딕 포스베리는 처음으로 배면뛰기를 시도해 올림픽 신기록을 세우고 금메달을 땄다. 이 배면뛰기 기술은 높이뛰기에 일대 혁명을 일으켰다. 이후 이 높이뛰기 기술은 딕 포스베리의 이름을 따서 '포스베리 플랍Fosbury flop'으로 불리고 있다. 그 당시 다른 선수들은 모두 '가위뛰기'나 '정면뛰기'라는 일반적인 기술을 사용했다. 그러나 포스베리는 모든 선수들이 사용하는 높이뛰기 방식을 따라야 한다는 선입견에서 탈피해 새로운 기술을 시도했다. 처음에 그가 배면뛰기 기술을 선보였을 때 우스꽝스러워 보여 주변 사람들이 그를 조롱했었다고 한다. 하지만 결국 포스베리는 이 신기술로 본인 기록을 향상시켜 세계 신기록을 세웠다. 그 이후 역대 높이뛰기 금메달리스트들은 모두 포스베리 플랍을 사용하고 있을 정도로 엄청난 영향력을 미쳤다.

한 번 선입견을 가지게 되면 그것이 고정되기 쉽고, 그 선입견과 관련되어 무비판적이고 감정적인 태도를 보인다. 선입견을 없애기 위해서는 늘 배우는 자세로 새로운 지식을 받아들이는 것이 중요하다. 모든 세상에는 한 가지 생각이나 방식이 있는 것이 아니라 다양한 해결책이

있다는 사실을 받아들이는 것이 바람직하다. 여러 가지의 해결책이 있을 것이라는 생각, 나와 다른 의견이 존재한다는 생각, 내 의견과 다른 생각이 잘못된 것이 아니라는 생각을 갖는 것이 중요하다. 다름과 차이를 받아들일 수 있는 다양성 속에서 창의성은 자라난다.

스스로 '왜?'라고 질문하는 습관

어느 병원에서 간호사가 늘 일정한 시간에 환자들에게 약을 먹이고 있었다. 하루는 이 간호사가 잠을 자고 있는 환자를 깨워 약을 먹이려 했다. 그런데 이 환자는 물론 의사까지도 이 간호사에게 마구 화를 내는 것이었다. 도대체 왜 그랬을까? 이유는 그 환자가 불면증 환자였고 먹이려던 약이 수면제였기 때문이다. 잠이 든 불면증 환자를 깨우다니, 그것도 수면제를 먹이기 위해서! 불면증 환자에게 수면제를 먹이고 잠이 들게 하는 것은 당연한 방법이다. 그러나 여기서 중요한 것은 불면증 환자가 잠을 자고 있었다는 것이다. 즉 이미 잠든 사람을 깨워 수면제를 먹게 할 필요가 없었다. 자신의 일에 성실하고 책임감이 강한 것은 좋지만 자신이 하고 있는 일에 '왜?'라는 질문을 던짐으로써 깊이감을 만드는 것도 중요하다. 불면증 환자에게 수면제를 먹이기 위해 잠자는 것을 깨운 행동은 자신의 일을 기계적으로 하고 있었다는 뜻이다. 조금만 생각하면 환자에게 더 이로운 결정을 할 수도 있었을 텐데 말이다. 이처럼 지금 내가 하는 일에, 내가 가지고 있는 생각에 '왜?'라는 질문을 던지는 것은 너무나도 중요하다. 우리가 생활하면서 '왜?'라는 질문을 던지게 되면 내가 하고자 하는 일의 목적과 그 이유를 다시금 생각하게 된다. 만약 이 간호사가 "왜 이 환자에게 이 약을 먹여야 하지?"라는 질문을 자신에게 던져보았다면 늘 하던 자신의 습관적인 생각과 행동에서 벗어날 수 있었을 것이다.

내가 하는 일에, 내가 가지고 있는 생각에 의문점을 갖고 '왜?'라고 질문하는 것이 중요하다는 것은 누구나 안다. 하지만 왜 사람들은 그렇게 하지 않는 걸까? 또는 왜 그렇게 하지 못하는 것일까? 뇌 과학의 관점에서 바라보면, 우리의 뇌는 생각하기를 싫어한다. 이왕이면 늘 하던대로 편하게 지내려는 뇌의 속성 때문이다. 의도적이라도 생각을 하려는 노력을 기울이지 않는다면 매너리즘에 빠질 수 있기 때문에 질문을 계속해야 하는 것이다. 질문을 하다보면 우리의 뇌는 자극을 받게 된다. 우리의 뇌가 자극을 받으면 다양한 생각과 발상을 하게 된다. 그래서 독창적인 아이디어를 발휘하게 되는 것이다.

개인적 관점에서 바라보면 '내가 궁금한 것이 다른 사람들은 다 아는 것이 아닐까? 남들 다 아는 내용을 내가 물어보면 나만 부족한 사람으로 보이게 될 텐데, 혹시 나를 무식하게 생각하지는 않을까?' 하는 걱정을 하기 때문에 질문을 두려워하는 것이다. 하지만 사실 사람들은 다른 사람들이 하는 질문에 별로 관심이 없다. 관심이 없기 때문에 그 질문이 누구나 다 아는 내용이라 하더라도 상대를 무시하지는 않는다. 단지 질문 받는 사람이 조금 귀찮을 수는 있다. 하지만 대부분의 사람들은 자신이 아는 부분을 이야기하는 것을 좋아한다. 그러니 너무 걱정할 필요 없이 궁금한 점을 시의적절하게 질문하면 된다.

　사회적 관점에서 바라보면 우리나라의 유교문화와 군대문화 등이 사회 전반적으로 만연해 있기 때문이다. 예를 들면, 식사시간에 어른들은 아이들이 자꾸 질문을 하면 이렇게 말한다. "넌 식사할 때 왜 그렇게 말이 많니?" 그런데 식사시간처럼 가족들이 한데 모여 이야기할 수 있는 시간이 얼마나 될까? 직장 상사가 직원에게 업무지시를 한다. "오늘까지 이 문서를 기획재정부로 보내게." "네, 부장님. 그런데 급한 문서도 아닌데 오늘까지 보내야 하나요?" "보내라면 보낼 것이지 왜 그렇게 말이 많은가?" 이처럼 한국인의 특성상 질문하는 것과 질문에 대답하는 것을 싫어한다. 사람들은 자신이 시키면 시키는 대로 고분고분 따르는 사람을 편하게 느끼는 것이다. 특히 질문을 받은 사람이 윗사람이면 자신의 권위에 도전한다고 생각하는 경향도 있다. 아니면 정말로 질문에 납득할만한 이유를 가지고 있지 않을 수도 있다. 게다가 윗사람이 아랫사람에게 질문을 하면서 윗사람은 이런 걱정을 하기도 한다. '내가 이런 질문을 하면 내 권위가 떨어지는 것은 아닐까?' 이런 조바심도 한몫한다. 개인적 관점에서는 '왜?'라는 질문을 하는 과정 자체가 창의성으로 한 발짝 다가가는 첫걸음이 된다는 사실을 인식하는 것이 중요하다고 생각한다. 사회적 관점에서는 적극적으로 '왜?'라는 질문을 던져도 괜찮은 사회적 분위기를 조성하려는 각자의 노력이 필요하다.

어느 회사에 자신의 유머감각이 뛰어나다고 생각하는 사장이 있었다. 이 사장은 그날도 회사 직원들에게 이야기를 쏟아 냈다. 이야기를 듣고 난 회사 직원들은 너무 재미있다며 깔깔대고 웃었다. 그런데 유독 한 직원의 표정만 싸늘했다. 이상하게 여긴 사장이 물었다. "자네 표정이 왜 그런가? 내 이야기가 재미없나?" 그러자 이 직원은 대답했다. "네, 사장님. 전 안 웃어도 돼요. 오늘 사표 낼 거거든요."

이 사장도 평소 '왜?'라는 질문을 자신에게 던져보았다면 직원한테 이런 망신은 안 당했을 텐데 말이다. 늘 '왜?'라고 질문을 던져보고 이 질문에 답을 하다보면 습관적으로 하던 생각까지 바꿀 수 있었을 것이다. 고정관념은 개인의 경험과 지식에 의존하는 경향이 많다. 그래서 자신의 경험과 지식을 넓히는 것이 중요하다. 자신의 사고력을 확장시키는 질문인 '왜?'를 자주 사용해야만 고정관념을 깰 수 있는 것이다.

일본의 도요타는 현장 개선을 위해 5번 연속으로 질문하는 '5Why' 방식을 채택했다. 5번만 질문을 하게 되면 어떤 문제든지 그 해결책이 나온다는 것이다. 이것은 문제해결을 위해 산업체에서 널리 사용되는 방법이다. 미국 워싱턴에 위치한 토머스 제퍼슨 박물관의 실제 사례를 들어 '5Why' 방식을 설명하면 다음과 같다.

어느 날 토머스 제퍼슨 박물관의 관장이 박물관을 자세히 살펴보니 외벽이 심하게 부식되어 있었다. 박물관 직원들은 대대적인 수리가 필요하다고 보고했다. 수리를 하려면 막대한 예산이 필요했다. 그래서 박물관장은 질문했다.

"왜 박물관의 외벽이 부식되었나?"

"네, 비둘기가 날아와 똥을 싸는데 비둘기 똥 속에 산성 물질이 많아 부식되었습니다."

"왜 비둘기가 이곳으로 날아와 똥을 싸는 것인가?"

"비둘기의 먹이인 거미가 많기 때문입니다."

"왜 이곳에 거미가 많은 것인가?"

"거미가 나방을 좋아하는데, 이곳엔 나방이 많기 때문입니다."

"왜 이곳에 나방이 많은 것인가?"

"박물관의 조명이 밝아 나방이 몰려오는 것입니다."

"왜 박물관의 조명이 밝은 것인가?"

"박물관의 조명등이 너무 가까이 붙어있고, 오후 6시면 조명등을 켜기 때문입니다."

"그럼 박물관의 조명등을 조금씩 떨어뜨려 설치하고, 밤에는 2시간 늦게 불을 켜도록 하게나."

질문을 계속 하다보면 생각은 자극을 받는다. 생각이 자극을 받으면 우리의 뇌는 긍정적이고 구체적인 아이디어를 떠올리게 된다. 자신에게 늘 '왜?'라고 자문하면 끊임없이 생각을 자극하여 고정관념을 깨고 창의성을 발휘할 수 있는 것이다.

늘 관찰하길 좋아하고, 문제의 원인이 무엇일까 생각하길 즐겨하는 한 남자가 있었다. 이 남자의 이름은 조르즈 도메스트랄이었다. 이 스위스 사람은 어느 가을날 알프스 산을 오르고 있었다. 기술자가 되고 싶었지만 기술을 제대로 가르쳐 주는 곳이 없어 그저 산을 오르며 세월을 보내고 있었다. 그날따라 유난히 많은 가시들이 자신의 양말에 붙어 있다는 사실을 알게 되었다. 그 가시는 국화과에 속하는 한해살이풀인 도꼬마리였는데, 이 남자는 평소처럼 의문이 생겼다. '왜 이 가시들은 한 번 붙으면 떨어지지 않는 걸까?' 그래서 그는 집으로 돌아가 양말에서 떼어낸 그 가시들을 현미경으로 관찰했다. 관찰해본 결과, 그 가시들이 갈고리 모양을 하고 있다는 것을 알게 되었다. 이 사실을 알게 된 그는 기발한 아이디어가 떠올랐다. 한쪽에는 갈고리가 있고 다른 쪽에는 걸림 고리가 있는 테이프를 생각한 것이다. 이것이 바로 접착되었다가 떨어질 때 '찍찍' 소리가 난다고 해서 붙여진 이름, 바로 '찍찍이'라 불리는 '매직테이프'였던 것이다. 그 후 조르즈 도메스트랄은 '벨크로'라는 이름으로 이 테이프를 만들어 팔아 어마어마한 부자가 되었다. 이 모두가 다른 등산객들에게는 그저 '성가신 가시'에 불과했던 도꼬마리를 바라보며 그 이유를 궁금해했던 그의 호기심에서 나온 것이다. 늘 문제의식을 갖고 '왜?'라는 의문을 제기하면 창의적인 발상이 가능해진다.

보고 또 보고, 지속적인 확인이 필요하다 vs
스스로를 가두는 족쇄에서 벗어나라

어느 가족이 오랜만에 고급 레스토랑에 갔다. 부담스러운 가격이었지만 스테이크를 시켰다. 많이 먹긴 했지만 꽤 많이 남은 음식을 그냥 두고 가기가 아까웠다. 아버지는 음식을 싸가려고 했지만 조금 민망한 생각이 들어 웨이터에게 둘러대기 시작했다.

"웨이터! 남은 음식은 싸주세요. 집에 개가 있어서 말이에요."

이때 어린 아들이 말했다.

"와! 아빠! 집에 갈 때 개 사서 가실 거예요?"

다른 사람들의 시선과 작별하라

우리가 어렸을 때엔 느낀 그대로 표현했고, 말과 행동에 자유로웠다. 그 당시엔 동네 친구들, 같은 반 친구들과 언제나 다양하고 새로운 방법으로 재미있게 놀았다. 내가 하는 말이나 행동을 다른 사람들이 어떻게 생각할까? 혹시 나를 이상한 사람으로 보진 않을까? 타인의 시선이나 주변 사람들에 대해 신경 쓰는 법이 없었다. 재미있는 것을 보면 깔깔대며 웃었고, 신기한 것을 보면 깜짝 놀라고 호기심이 발동했다. 깜짝 놀랄 수 있다는 것은 감정표현을 자유롭게 할 수 있는 좋은 기회다. 광고인으로 유명한 박웅현 대표는 놀라는 것도 능력이라고 말했다. 아이들의 능력은 놀라는 것이고, 놀란다는 건 감정이입이 된 것이라는 설명이다. 아이들은 어른들보다 놀라움을 더 뇌리에 박으면서 경험하기 때문에 어른보다 창의적일 수 있다는 것이다. 다른 사람들의 시선을 의식하면서 무엇인가를 바라보면 놀라움도 창의성도 발휘되지 않는다. 우리는 어린 시절 자유롭게 상상하고 창의적으로 행동했었다는 사실을 잊은 채 살아간다. 시간이 흘러 나이가 들어 갈수록 놀라움까지도 감추려 하고 있는 자신을 발견하게 된다. 다른 사람들의 이목을 지나치게 신경 쓰고, 자신이 하는 말과 행동을 확인하고 또 확인하고 있는 자기 자신을 말이다. 그래서 스스로의 자율성을 가두고 창의성까지 가두게 되는 것이다.

삼성전자, 애플, 마이크로소프트, 도요타 등 세계적인 기업들의 디자인을 담당하는 디자인 기업 아이디오는 창의적이고 혁신적인 기술 혁명으로 이름이 알려져 있다. 아이디오의 CEO인 팀 브라운이 어느 강연장에서 강의할 때 있었던 일이다. 팀 브라운은 청중들에게 자기 옆에 앉아있는 사람의 얼굴을 그려보라고 말했다. 그 요청을 받은 사람들은 옆 사람의 얼굴을 열심히 그렸다. 그런데 재미있는 일은 서로의 얼굴을 그려주는 동안 무척이나 쑥스러워했다는 사실이다. 연거푸 서로에게 미안하다는 말도 남발했다. 팀 브라운은 이 상황에 대해 "사람들이 미안해하는 이유는 옆 사람이 자신이 그린 그림을 보고 내리게 될 평가를 두려워하기 때문"이라고 했다. 어린이들은 똑같은 과제를 주어도 절대로 부끄러워하거나 미안해하지 않는다. 어린이들은 자신의 작품을 부끄러워하지 않고, 다른 사람들의 시선과 평가를 두려워하지 않기 때문이다.

나를 가두는 내가 만든 감옥, 자기검열

|

우리는 어른이 되면서 다른 사람을 의식하는 '자기검열Self-Censorship'이라는 것이 생긴다. 자기검열이란 아무도 강제하지 않지만 위협을 피하거나 타인의 감정을 상하지 않게 하려고 자기 자신의 표현을 살펴보는 행위다. 쉽게 말해서 자기검열이란 남의 눈치를 보는 것이다. 이렇게 다른 사람의 시선을 의식하는 순간 우리의 창의성은 사라지고 만다.

왜냐하면 다른 사람의 시선을 의식한다는 말은 결국 남의 눈치를 본다는 말이기 때문이다. 남의 눈치를 보게 되면 자기의 생각과 행동을 표현하는 데 많은 제약 요소가 따른다. '내 생각을 이 친구가 기분 나빠하지 않을까?' '내가 이렇게 말한다면 직장 상사가 싫어할 텐데.' '이런 질문을 하면 우리 반 아이들의 놀림거리가 되는 것은 아닐까?' 이런 걱정들이 생기기 시작하면 내가 가진 생각이나 행동을 표현하기는 점점 더 힘들어질 뿐이다. 특히 일상적인 내용이 아니라 독특한 발상일 때는 더더욱 그렇다. 이것은 이래서 안 되고 저것은 저래서 안 된다는 소극적인 행동을 보이게 된다. 이런 소극적인 행동으로 인해 참신한 발상이나 독창적인 아이디어들을 표현하기 어려워지는 것이다. 타인의 시선을 의식하는 자기검열을 하지 않고 나 스스로에게 온전히 몰입할 때 비로소 창의성이 발휘된다. 물론 타인의 시선을 전혀 의식하지 않는다면 문제가 될 수 있다. 다른 사람들에게 피해를 줄 수 있기 때문이다. 하지만 이런 경우가 아닌데도 습관적으로 다른 사람들의 시선을 의식하는 것이 문제라는 것이다.

어렸을 때보다 나이가 들어갈수록 자기검열의 경향이 강해진다. 유치원생과 어른들을 대상으로 한 창의적인 생각에 대한 실험이 있었다. 유치원생 1개 팀, 어른으로 구성된 5개 팀이 실험에 참가했다. 어른 팀은 건축학도 팀, 변호사 팀, CEO 팀 등 5개의 팀으로 구성되었다. 유치원생 팀과 어른 팀들을 각각의 테이블에 앉혀 놓고 실과 테이프, 스파게티 면 20가닥, 마시멜로를 나눠주었다. 나눠준 것을 이용해 가장 높은 탑을 쌓는 게임이었다. 종료시간은 18분으로 제한했다. 실험이 시작되자 어른 팀들은 서로 명함을 교환하는 등 자신을 간단히 소개했다. 그러고는 탑을 어떻게 하면 높이 쌓을 수 있을지 계획을 세웠다. 계획이 세워지자 탑을 쌓기 시작했다. 반면 유치원생들은 전혀 다른 시간을 보냈다. 유치원생들은 다른 아이들의 시선을 신경 쓰지 않고 일단 쌓기 시작했다. 그리고 불과 몇 분 만에 첫 번째 탑을 완성했다. 유치원생 1개 팀과 어른 5개 팀, 총 6개 팀이 참석한 이 게임에서 유치원생 팀은 몇 등을 했을까? 유치원생 팀은 3위를 차지했다. 놀라운 결과다. 왜 이런 결과가 나왔을까? 다양한 이유가 있겠지만 어른 팀들은 타인의 시선을 신경 쓰고 일반적인 방법을 사용했다. 반면 유치원생 팀은 타인의 시선을 신경 쓰지 않고 자유롭게 생각나는 대로 탑을 쌓았기 때문이다. 자기검열을 하지 않게 되면 열린 사고가 가능해져 창의적인 아이디어를 낼 가능성이 높아진다. 뇌의 자기검열 기능이 약해지는 또 다른 예로, 음악가가 즉흥곡을 연주할 때를 들 수 있다. 이는 자기검열에서 벗어나기 위해서는 창조적으로 연상할 수 있는 즉흥적인 활동들이 도움이 된다는 것이다. 특히 즉흥적인 대화가 많이 이루어지는 분위기가 조성되면 독창적이고 기발한 발상이 자연스럽게 발휘된다. 이런 즉흥적인 대화들이 자기검열을 약하게 만들기 때문이다.

하버드대학교 경영대학원, 컬럼비아대학교 경영대학원, 유럽경영대학원 공동 연구팀이 발표한 재미있는 연구 결과가 있다. 대화 중에 비꼬는 농담을 들었거나 자기가 비꼬는 농담을 하게 되면 창의성이 커진다는 내용이다. 공동 연구팀은 실험 참가자들을 세 그룹으로 나누어 가상의 상황을 들려주고 대화를 하게 했다. 한 그룹은 가상의 상황을 비꼬는 말로 하거나 들으면서 대화하도록 유도했다. 다른 그룹은 진정성 있는 말로 하거나 들으면서 대화하도록 유도했다. 나머지 그룹은 중립적인 말로 하거나 들으면서 대화하도록 유도한 실험이다. 이 대화가 끝나고 실험 참가자들은 창의력을 테스트하는 시험을 치렀다. 시험 결과, 비꼬는 말을 하거나 들으면서 대화했던 그룹이 나머지 두 그룹보다 더 높은 점수를 기록했다. 결국 비꼬는 말을 하거나 비꼬는 말을 들으면서 대화하면 창의성이 요구되는 업무를 더 잘 해결하는 것으로 나타났다. 비꼬는 농담을 하거나 듣게 되면 그 농담의 표면적인 내용과 실제 전하려는 메시지를 순간적으로 생각해보아야 한다. 이런 뇌의 활동을 통해 추상적 사고와 연상 능력이 발휘된다는 것이다. 공동 연구팀은 직장이나 조직에서 도를 넘지 않는 범위라면 다소 비꼬는 농담도 창의적인 조직을 위해 필요하다고 말했다. 비꼬는 농담을 듣거나 하게 되는 것도 순간적인 뇌의 활동이다. 즉흥적인 활동을 하면 창조적 연상 작용이 가능해져 독창적이고 참신한 발상이 가능해진다. 즉흥적인 대화가 남의 시선을 지나치게 의식하는 자기검열 기능을 느슨하게 만들어주기 때문이다.

　다른 사람의 시선을 너무 의식하는 것도 문제지만, 잘 의식하지 않는 것도 문제일 때가 있다. 하지만 창의성을 기르기 위해서는 다른 사람들의 시선과 평가를 두려워하지 않는 당당함이 필요하다.

자기검열에서 벗어난 사람은 엉뚱한 사람?

아주대 심리학과 김경일 교수는 자기검열을 하지 않는 사람은 어떤 면에서 볼 때 약간 엉뚱해 보일 수 있다고 말한다. 다른 사람들과는 다르게 무언가 상식적이지 않은 답변을 자주 하기 때문이다. 유능해 보이기는 하지만 왠지 엉뚱하고 특이해 보이는 사람들 중에는 의외로 창의적인 사람이 많다. 이런 사람들은 평소에 여러 가지 다양한 상황에 대해 상상해보는 것을 즐겨 한다. 게다가 자신이 가진 이런 생각과 상상력을 다른 사람들이 어떻게 생각할까를 별로 신경 쓰지 않는다. 이것이 바로 이들이 위기 상황이나 일반적이지 않은 상황에서 능력을 발휘하는 이유이기도 하다. 또한 자기검열을 하지 않는 평소에 엉뚱하고 특이해 보이는 사람들은 다양한 상황을 조합하고 연결하는 데 강점을 보인다고 한다. 이에 대해 김경일 교수는 '갓난아기-기저귀', '휴대폰-케이스', '지갑-명함철'의 조합을 예로 설명했다. 이 조합들은 분류학상으로 볼 때 서로 비슷한 특징을 지니고 있다. 그래서 사람들은 아무 일 없는 평안한 상태에서는 위 조합들을 대수롭지 않게 생각한다. 하지만 화재나 천재지변이 일어나면 사람들은 가장 빠른 시간 내에 다른 조합을 생각해내야 한다. 즉 '갓난아기-지갑-휴대폰'이라는 더 중요한 것들로 조합해 갓난아기와 두 개의 물건을 순간적으로 가지고 나와야 한다는 것이다. 그런데 실제로 이런 일이 닥치면 사람들은 지금과 같은 조합을 생각해내지 못한다. 그 이유는 무엇일까? 아무 일 없는 평안한 상태에서는 그런 의외의 상황이나 위기 상황에 대한 상상을 한 적이 없기 때문이다.

병아리를 만들려고 달걀을 품고 있던 에디슨, 아무도 안 보는 컴퓨터 내부기판을 아름답게 디자인하라고 지시한 스티브 잡스, 위기를 대비해 아이디어를 내 놓았다가 사람들에게 손가락질 당했던 이순신 장군과 율곡 이이 선생까지 자기검열을 벗어 던지고 창의성을 발휘한 사람들이 세상을 이끌어 간다. 내가 만들어서 나를 가둬버리는 자기검열이라는 감옥에서 벗어나 창의적인 사람으로 다시 태어나자.

'No'라고 하면 외로워진다 vs
독창성을 유지해라

어느 길거리 퀴즈대회가 있었다. 광장에 모인 시민들을 대상으로 한 'OX 퀴즈대회'다. 진행자가 이번엔 쉬운 문제를 하나 냈다. 문제가 쉬워 대부분의 시민들은 모두 'O'쪽으로 모여 들었다. 그런데 유독 한 남자만 'X'쪽에 서 있었다. 진행자가 너무 신기해서 그 남자에게 물어보았다.

"남들이 모두 예스라고 말할 때 혼자만 '노'라고 말할 수 있는 용기 있는 남자인 것 같아요."

그러자 이 남자가 대답한다.

"그게 아니라 제 와이프가 사람 많은 곳은 가지 말라고 해서요."

그만 따라가자, 동조현상

그냥 웃고 지나갈 수 있는 이야기일지도 모르겠다. 하지만 어떤 상황에서든지 다수가 가는 쪽이 아닌 소수를 향해 자신 있게 갈 수 있는 사람이 적은 것은 사실이다. 명백히 자신이 옳은 경우라도 웬만하면 다수의 사람들과 의견을 같이 하려는 것이 사람의 심리다. 모두들 자장면을 시키는데 나만 "짬뽕 곱빼기요"라고 말하기를 사람들은 꺼려한다. 이러한 경우를 두고 동조현상이라고 한다. '동조현상Conformity Effect'이란 집단의 규범이나 명령은 없지만 자기 스스로 집단의 압력을 느껴 집단 대다수의 구성원들이 하는 의견이나 행동을 따라하는 것을 말한다. 사람들은 가정, 회사, 동아리, 동창회, SNS 등 하나 이상의 집단에서 구성원으로 활동한다. 구성원으로 지내는 동안 되도록이면 자신의 의견을 집단의 의견에 맞추려는 경향이 강하다. 왜냐하면 그 집단에서 다르게 보이는 것을 원치 않으며, 다르게 보이면 그 집단에서 따돌림을 당하든지 쫓겨날지도 모른다는 심리적 불안감 때문이다. 그러나 심리적 불안감뿐만이 아니다. 아주 오랜 세월 동안 마음속 깊이 새겨진 생존에 대한 강한 욕구 때문이기도 하다. 우리는 구석기시대부터 사자와 곰과 같은 맹수들의 공격을 피하며 살아가야 했다. 무슨 일인지는 모르지만 주변에 있던 다른 원시인들이 뛰어서 도망가면 나도 따라 도망을 갔다. 왜 도망을 가는지 확인하는 것보다는 같이 도망가는 편이 살아날 가능성을 더 높여 주었기 때문이다.

동조현상이 실생활에서 효율적으로 쓰이기도 한다. 한 번도 가보지 못한 외국을 여행하다가 맛있는 식당을 고르고 싶다. 그런데 인터넷이나 팸플릿 등에서 추천한 것만으로는 믿지 못할 때, 식당 밖에서 안을 살짝 들여다본다. 얼마나 많은 손님이 있는지, 식당 주차장 앞에 세워진 차가 몇 대나 되는지 살펴보는 것 등이 선택의 기준이 될 수 있다. 이렇듯 사람들은 위험을 피하려는 본능을 가지고 있다. 예를 들어 한겨울에 혼자 숲 속을 거닐고 있다고 상상해보자. 두 개의 연못을 발견했다. 두 곳 모두 얼음이 꽁꽁 얼어있어서 스케이트를 타기에 딱 좋아 보인다고 가정하자. 하지만 두 개의 연못에 모인 사람들의 수가 다르다. 한곳은 200여 명이 모여 있고, 다른 한곳은 10여 명이 모여 있다. 당신이라면 어느 곳에서 스케이트를 타고 싶겠는가? 물론 10여 명이 모여 있는 곳이라고 말할 수도 있다. 하지만 대다수의 사람들은 이런 질문을 받게 되면 200여 명이 모여 있는 곳을 선택한다. 이유는 무엇일까? 당연히 다수의 사람들이 모여 있는 곳이 안전하다고 느끼기 때문이다. 그런데 정말로 다수의 사람들이 모여 있는 그 연못이 안전할까? 물론 아니다. 200여 명의 많은 사람들이 스케이트를 타고 있는 연못의 얼음이 마찰열과 충격으로 인해 깨질 가능성이 더 크기 때문이다. 그럼에도 불구하고 사람들은 다수가 있는 곳을 안전하다고 생각한다. 이러한 동조현상을 따르다 보면 편안함과 안정감을 얻을 수는 있다. 하지만 다수의 생각이라고 옳다는 보장은 없다. 불과 몇백 년 전까지만 해도 대부분의 사람들은 지구를 중심으로 태양이 돌고 있다고 말하지 않았던가. 집단의 행동을 맹목적으로 따라가기만 하면 내 생각의 폭은 좁아지기 마련이다. 좁아진 생각의 폭만큼 다양한 생각을 할 머릿속 공간도 사라져서 참신한 아이디어가 나올 가능성은 희박해진다.

노르웨이에는 '레밍 쥐Lemming mouse'라는 들쥐가 살고 있다. 이 들쥐는 몇 년에 한 번씩 대이동을 한다고 알려져 있다. 섬나라인 노르웨이를 이동하다 보면 들쥐들은 지치고 힘들게 된다. 힘들어져 극도의 스트레스가 쌓인 들쥐 한 마리가 에라 모르겠다며 바다로 뛰어든다. 그러면 다른 들쥐들도 우르르 따라 나도 모르겠다 하고 바다에 몸을 던진다고 한다. 이 레밍 쥐처럼 남을 따라 목숨까지 내버린다는 의미로 '레밍효과Lemming Effect'라는 말이 생겼다. 아무 생각 없이 남이 하는 것을 따라가는 현상을 말한다. 친구 따라 강남 간다는 말처럼 말이다. 쥐뿐만 아니라 이런 현상을 보이는 벌레도 있다.

세계적인 곤충학자 파브르는 쐐기벌레를 좋아했다고 한다. 왜냐하면 쐐기벌레는 재미있는 특징을 가졌기 때문이다. 앞에 가는 쐐기벌레를 그 뒤의 쐐기벌레가 따라가고 그 뒤의 쐐기벌레를 또 그 뒤의 다른 쐐기벌레들이 따라간다는 것이다. 이렇듯 쐐기벌레는 무조건적으로 다른 쐐기벌레의 뒤만 쫓는 습성을 갖고 있다. 이 쐐기벌레의 습성을 알게 된 파브르는 한 가지 실험을 했다. 맨 앞의 쐐기벌레가 좋아하는 자국을 남겨서 다른 쐐기벌레들도 따라가게 만든 것이다. 그런데 이 자국을 큰 원형으로 만든 것이다. 과연 어떤 일이 벌어졌을까? 놀랍게도 맨 앞의 쐐기벌레가 가는 길을 다른 쐐기벌레들도 하루 종일 따라다녔던 것이다. 거의 일주일 동안을 계속 뒤만 따라가던 쐐기벌레들은 대부분 배가 고파 굶어 죽고만 것이다. 큰 원형 자국의 근처에 먹이를 놔두었는데도 불구하고 말이다.

집단생활을 하고 있는 우리들은 우리가 속한 집단과의 원만한 관계를 위해 동조하는 경우가 많을 수밖에 없다. 하지만 정작 우리가 새로운 생각을 하고 새롭게 무엇인가를 시작할 때 무조건적으로 집단에 동조하는 행동은 큰 재앙일 수 있다. 온전히 내 생각을 할 수 있고, 그런 내 생각을 자유롭게 표현할 수 있을 때 창의성이 발휘된다.

창의적인 인재 발굴을 위해 동조현상을 버려라

사람들의 따라하기 행동은 언제 어디서든지 쉽게 발견된다. 미국의 사회심리학자 솔로몬 애쉬는 동조현상을 재미있는 실험으로 보여주었다. 주변 사람들이 모두 틀린 답을 말하게 되면 확실한 정답을 아는 사람마저도 덩달아 오답을 말하게 된다는 실험이었다. 먼저 실험에 참가한 사람들에게 카드를 한 장씩 나눠준다. 나눠준 카드에는 막대그래프가 한 개 그려져 있다. 그리고 다른 카드를 보여준다. 다른 카드에는 세 개의 막대그래프가 그려져 있다. 이 세 개의 막대그래프 중에서 처음의 것과 같은 길이의 막대그래프를 찾는 테스트다. 다른 카드에 있는 세 개의 막대그래프 중 한 개의 막대그래프는 누가 봐도 처음 카드의 막대그래프와 똑같은 길이다. 사람들에게 똑같은 막대그래프를 고르라고 하자 정확히 그 막대그래프를 골랐다. 여기까지는 누구나 예상할 수 있는 결과다.

재미있는 것은 지금부터다. 이 실험에 바람잡이들을 투입한 것이다. 물론 이 바람잡이들은 거짓말을 하도록 주문받은 사람들이다. 이 바람잡이들과 이 문제를 함께 풀게 하자 결과는 완전히 달라진다. 바람잡이들 모두가 전혀 다른 길이의 말도 안 되는 막대그래프를 선택했다. 그러자 실험에 참가했던 사람들의 반 정도만이 이 문제의 정답을 맞혔다. 물론 사람들이 이 쉬운 문제를 틀린 이유는 바람잡이들이 거짓말을 했기 때문이다. 자신을 뺀 모두가 잘못된 답을 선택하자 정상적인 사람들도 그 답을 따라한 것이다. 이렇듯 동조현상이란 무서운 것이다. 사람들은 남들과 달라지는 것을 극도로 싫어한다.

심리학자인 자밀 제키 연구팀은 여성의 사진들을 보여주며 점수를 매기는 실험을 했다. 사람들에게 이전 실험에 참가한 사람들이 어떤 특정 사진에 높은 점수를 매겼다고 귀띔해 주자 이 사람들 역시 그 특정 사진에 더 높은 점수를 주었다. 반대로 점수를 낮게 주었다고 귀띔해 주자 자기들도 더 낮은 점수를 주었다. 사람들은 보통 다른 사람들이 좋다고 생각하면 나에게도 좋을 것이라고 생각하는 경향이 강하다고 한다. 다른 사람들이 하는 생각이나 행동은 자기 자신의 생각을 무의식적으로 변화시켜 남을 따라하게 만들기 때문이다.

홈쇼핑이나 인터넷 쇼핑으로 남이 사면 나도 사고, 빨간색 신호등인

데도 사람들이 그냥 건너면 나도 그냥 건넌다. 식당 앞에 'MBC, KBS, SBS TV에서 맛집으로 소개된 집입니다.' 또는 옷가게 앞에 '손님들이 가장 많이 찾는 매장입니다.'란 플래카드를 보면 발걸음을 멈춘다. 요즘 유행하는 헤어스타일이란 이유로 했던 머리가 마음에 안 든다 하지만 헤어디자이너에게 말 한마디 못하고 집에 와서 속상해하기도 한다. 서커스단이나 퍼레이드 차량 앞에서 선도하는 악단차를 보고 사람들이 졸졸 따라다닌다는 '밴드왜건 효과Bandwagon Effect'처럼 말이다.

  기업들도 마찬가지다. 말로는 차별화를 외치면서 행동은 동일화를 추구한다. 시장을 살펴보면 비슷비슷한 제품들로 넘쳐난다. 다른 기업을 따라가는 동조현상이 만연해 있기 때문이다. 차별화란 '스키장은 리프트가 있는데, 눈썰매장은 왜 리프트가 없을까?' 하고 생각해 리프트를 설치한 에버랜드의 눈썰매장. '병원은 왜 삭막하고 딱딱한 분위기여야 할까?'라는 생각에서 천장을 유리로 만들어 병실에 누운 환자들에게 밤하늘의 별을 바라보게 해준 선병원의 국제검진센터. 롯데제과는 초코파이와 비슷하게 생긴 몽쉘이란 파이를 출시했다. 하지만 몽쉘은 초코파이와는 차별화된 파이다. 기존 초코파이의 마시멜로 대신에 크림을 넣어 부드러운 촉감을 느끼게 했기 때문이다. 광고도 '속을 보고 고르면 몽쉘'이라는 타이틀을 전면에 내걸었다. 외형적으로 표현된 브랜드보다는 속에 들어간 내용물이 중요하다는 차별화된 전략을 사용했던 것이다. 다른 기업들을 따라가지 않고 나만의 공간에서 나만의 방식으로 싸우는 경기가 바로 차별화다.

　사람들은 아무렇지도 않게 이런 말을 하기도 한다. 창의성이나 독창성이 뛰어난 사람보다는 조직에 협조적이고 순종적인 사람이 더 좋다고 말이다. 사람들은 말 잘 듣고 통제하기 쉬운 사람을 좋아하기 쉽다. 하지만 사회적으로 창의적이고 독창적인 인재가 많이 발굴되어야 조직은 발전할 수 있다. 무조건적으로 남을 따라하고 조직의 분위기에 맞추려는 동조현상을 버려야만 창의적인 인재가 어깨를 펼 수 있는 사회가 이루어진다. 실제로도 창의적이고 독창적인 인재가 타인에게 반항적이며 비협조적인 성향이 있다는 연구 결과가 발표되었다. 독일의 마르틴 오춘카와 미국의 샘 고슬링 등이 5요인Big-5 성격검사를 통해 창의적이고 독창적인 성향을 지닌 창업가적 스타일의 사람들을 연구한 결과다. 5요인 성격검사는 사람들의 행동과 판단 성향을 구분해주는 성격을 5가지 요인(개방성, 성실성, 외향성, 친화성, 신경성)으로 나누어 측정하는 검사다. 이들의 연구 결과, 개방성, 성실성, 외향성은 평균보다 더 높았다. 그리고 신경질적인 특성을 표현해주는 신경성은 평균보다 더 낮았다. 하지만 타인에게 반항하지 않고 협조적인 성향을 보여주는 친화성의 점수도 평균보다 낮게 나왔다. 즉 창의적이며 독창적인 성향을 잘 보여주는 창업가적 스타일의 사람들은 타인들에게 다소 반항적, 비협조적이며 사람들과 잘 지내고 싶어 자신의 의견을 주장하지 않거나 그 집단의 행동을 무조건 따라하는 동조현상에 영향을 덜 받는다는 이야기다. 창의적인 사람이 되기 위해서는 남들과 다르게 보이면 안 된다는 심리적 불안감부터 먼저 떨쳐버려야 한다.

권위, 권력 앞에서는 작아지다 vs
당당히 맞시는 강심장을 가져라

권위에 대한 복종

모 방송에서 사람들은 권위가 있는 인물에게 복종하기 쉽다는 내용을 다룬 적이 있다. 먼저 실험 진행자를 경찰관 복장으로 갈아입혔다. 그러고는 걸어가는 시민들을 상대로 재미있는 실험을 해보았다. 경찰관 복장을 한 사람이 시민을 불러 세워 적당한 이유를 대고 검문검색이 필요하다고 말한다. 몇 가지 질문을 던진 다음 시민들에게 엉뚱한 지시를 한다. 예를 들면 허리를 푹 숙인 채 코를 잡고 제자리에서 빙빙 돌아보라는 등 누가 보아도 검문검색과 관련 없는 비합리적인 지시를 했다.

결과는 어땠을까? 놀랍게도 시민들의 대다수가 이 황당한 지시를 그대로 따랐다. 물론 일부의 시민들은 강하게 항의했다.

이번에는 병원에 진찰받으러 온 환자들을 대상으로 실험했다. 의사 복장을 한 실험 진행자는 환자들을 진찰하는 척 하다가 엉뚱한 지시를 한다. 예를 들어 팔굽혀 펴기를 해보라는 둥 토끼뜀을 해보라는 둥 진찰과 전혀 관련 없는 지시를 한 것이다. 이번 실험에서도 역시 대부분의 환자들이 이런 어처구니없는 지시를 그대로 따랐던 것이다. 왜 이런 일이 벌어진 것일까? 사람들은 공식적으로 인정된 전문가나 권위자들의 말과 행동을 여과 없이 받아들이는 경향이 강하기 때문이다. 이런 전문가나 권위자들의 지시에 논리적인 판단보다는 전문가나 권위자의 권위 자체에 복종하는 것이다. 그래서 사기꾼들은 공무원 등 권위 있는 국가기관을 사칭하는 경우가 많다.

미국의 사회심리학자인 스탠리 밀그램은 '권위에의 복종'이라 불리는 '밀그램 실험Milgram experiment'으로 유명하다. 밀그램은 이 실험을 통해 사람들이 말도 안 되는 상황에서 권위자에게 복종하는 이유가 개개인의 성향보다는 주변 상황에 의한 것이라고 주장한다. 밀그램 실험을 통해 아무리 합리적이고 이성적인 사람이라도 주변 상황이 어쩔 수 없는 것이라고 판단하면 윤리적이며 도덕적인 규칙을 무시하고 잔인한 행위를 하는 것으로 나타났다. 이 실험의 참가자들은 실험의 목적을 모른 채 선생님 역할을 맡게 된다. 선생님 역할을 맡은 참가자들 뒤에는 학생 역할을 하는 사람들이 있다. 학생 역할을 하는 사람들은 실험 진행자들을 돕는 실험 도우미들이다. 하지만 선생님 역할을 하는 참가자들은 이 사실을 전혀 모른다. 선생님 역할을 하는 참가자들과 학생 역할을 하는 실험 도우미 사이에는 커다란 칸막이가 있어 서로가 보이지 않는다. 선생님 역할의 참가자들은 학생 역할을 하는 사람들에게 문제를 낸다. 그리고 문제를 틀릴 경우 전기 충격을 가할 것을 지시받는다. 문제를 하나씩 틀릴 때마다 전기 충격의 강도를 높이라는 요구도 받게 된다. 물론 선생님 역할을 하는 참가자들은 이 전기 충격이 진짜라고 생각할 수밖엔 없다. 학생 역할을 하는 실험 도우미들은 전기 충격이 가해질 때마다 고통스러운 비명을 질러댔다. 그리고 이 소리는 선생님 역할을 하는 참가자들 모두가 듣도록 설계되었다. 실험 결과, 참가자 대부분이 학생의 괴로운 목소리를 듣고 몇 번 전기 충격을 주고 더 이상 할 수 없다는 의사를 표현했다. 이때 실험을 진행하는 총책임자가 말했다. "결과에 대해서 내가 모두 책임지겠다." 이 말을 들은 참가자의 3분의 2가 사망에 이를 수도 있는 최고치까지 전기 충격을 가했던 것이다.

실험이 끝난 후 선생님 역할을 했던 실험 참가자들에게 왜 최고치까지 전기 충격을 가했느냐고 물었다. 대부분의 참가자들은 총책임자가 시켜서 했다는 대답만 할 뿐이었다. 밀그램 실험으로 집단 상황에서는 사람들이 절대적인 권력에 복종한다는 사실과 함께 책임감도 분산된다는 사실이 밝혀졌다. 아주대 심리학과 김경일 교수는 권위란 자신의 행동을 합리화하고 책임을 지지 않아도 괜찮다는 핑계를 만들어준다고 말했다. 자신의 잘못이 명백한데도 말이다. 국민들에게 큰 잘못을 하고서도 뻔뻔하게 검찰로 출두하고 있는 정치가나 CEO들을 자주 볼 수 있다. 이들은 아무렇지도 않게 자기를 합리화하기도 한다. 난 잘못 없는데 왜 그러느냐는 것이다. 다 위에서 시켜서 한 것뿐인데 말이다. 이처럼 사람들은 권위에 대한 복종을 자신의 양심과 바꾸려는 성향이 있다. 이것은 자신이 소속된 집단의 권위자나 권력자의 의견이나 명령을 비판 없이 무조건적으로 받아들이려는 경향이 강하기 때문이다. 이렇듯 권력에 복종하는 사람들에 대해 밀그램은 '감옥에 갇힌 왕'이라고 표현했다.

복종은 사회적 삶의 구조에서 기본적인 요소다. 또한 권위 체계는 모든 공동체의 삶엔 필수적이다. 권위에 복종하든 저항하든 간에 다른 사람의 명령에 반응하지 않아도 되는 사람은 없을 것이다. 권위에 대한 복종은 장유유서나 상명하복과 같은 우리나라의 문화 속에서 생겨난 경우가 많다. 하지만 결국은 이런 문화가 유연한 사고와 창의적인 아이디어를 묻어버리게 되는 악영향을 줄 수 있다.

권위 앞에서 당당히 맞서라

|

김광희 교수의 《창의력에 미쳐라》에 권위에 대한 재미있는 이야기가 나온다. 미국의 모 음악대학에서 있었던 일이다. 음대 교수는 음악을 틀어 놓고 음색을 조절하는 장비인 이퀄라이저Equalizer로 고음대와 저

음대의 소리를 조절했다. 들려주는 소리들이 어떻게 다른지, 무엇이 다른지, 어떤 소리가 더 좋은 소리인지를 학생들에게 질문했다. 교수의 질문에 대해 학생들은 각자의 의견을 이야기하며 교수와 활기찬 토론을 펼쳤다. 대부분의 학생들은 '첫 번째 소리가 났다, 두 번째 소리가 났다'는 등 다양한 의견을 냈다. 그런데 한 학생은 아무런 차이도 느낄 수 없었다. 이상하다고 생각한 이 학생은 어쩔 줄 몰라 하며 같이 수업을 듣고 있던 다른 학생에게 물었다. "진짜로 음악 소리에 차이가 있는 거니? 혹시 음색을 조절하는 장비인 이퀄라이저에 문제가 생긴 것은 아니냐?"고 몇 번을 확인했다. 하지만 다른 학생은 잘 들어보면 알 수 있다고만 대답했다. 그 순간 이 학생은 자신의 음악적 소질이 형편없다고 생각했다. 그렇게 얼마간의 시간이 흐르고 난 다음에 교수는 이퀄라이저가 꺼져있어 미안하다는 말을 했다. 결국 들려주던 음악에는 전혀 변화가 없었던 것이다. 이 학생은 순간 회의적이었던 자신의 음악 실력에 대해 안도의 한숨을 쉬게 되었다. 그러나 그 교수의 물음에 '지금이 낫다, 이전이 낫다'라고 하던 다른 학생들의 기분은 어땠을까?

학생들은 대학 교수라는 권위 때문에 무비판적으로 교수의 의견을 받아들이려고 했던 것이다. 권위자의 의견이나 주장도 잘못된 것일 수 있다는 생각을 가져야 한다. 하지만 단지 권위자라는 직책이나 직함만으로 사람들이 따르려 했던 것은 아니다. 권위자를 따르려는 이유로 권위자로부터 풍겨져 나오는 강한 카리스마를 들 수 있는데, 이 카리스마는 남성호르몬의 영향을 많이 받는다. 신경심리학자 이안 로버슨Ian

Robertson 박사가 발표한 연구 결과에 따르면 사람들은 권위나 권력을 갖게 되면 남녀 구분 없이 테스토스테론이라는 남성호르몬이 분출된다고 한다. 테스토스테론은 도파민이라는 신경전달물질을 만들어낸다. 테스토스테론과 도파민이 많이 분출되면 좌뇌 전두엽을 활성화시키게 되어 집중력이 높아지고 용감해지게 된다. 따라서 권위자나 권력자가 되면 자신감 있고 용감한 행동이 쉬워지는데, 그러면서 이들에게 카리스마가 생기게 되어 사람들은 이들을 따르게 되는 것이다.

우리가 권위자의 의견이나 명령에 무조건 따르고 복종하는 것은 바람직하지 않다. 말단 직원들까지 늘 비판의식을 갖고 매사에 의문을 제기할 수 있어야 한다. 또한 권위자의 의견이나 명령이 잘못되었을 수도 있다는 생각을 가져야 한다. 그럴 때만이 다양한 생각과 참신한 아이디어가 나올 수 있는 기반이 마련된다.

기업도 혁신적인 기업문화를 이루기 위해서는 권위에 도전할 수 있는 분위기를 조성해야 한다. 먼저 직원들이 권위를 가진 사람이나 기존의 절차에 반대 의견을 주장할 수 있는 시스템 마련이 우선되어야 하며, 이 시스템에 있어서 가장 중요한 역할을 하게 되는 사람은 당연히 최고 권력을 지닌 권위자와 높은 직책의 인물들이다. 이들이 먼저 솔선수범하여 혁신적인 기업문화를 이룰 수 있는 분위기를 마련해야 한다.

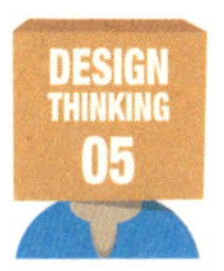

안정이 주는 편안함이 좋다 vs
안전지대에서 나와 변화를 시도하라

오상진의 《아웃 오브 박스》에 재미 있는 사례가 있다. 미국 경영학자 게리 해멀과 경제학자 프라할라드는 원숭이를 데리고 흥미로운 실험을 진행했다. 원숭이 몇 마리를 우리에 가둔 다음 천장 위에 바나나를 걸어 놓았다. 원숭이가 노력만하면 따 먹을 수 있는 높이에 바나나는 매달려 있다. 한 원숭이가 아무렇지 않게 바나나를 따 먹으러 천장 위쪽으로 다가갔다. 바로 이때 숨어있던 실험자가 소방호수로 강한 물줄기를 퍼부었다. 물벼락을 맞은 원숭이는 몇 번 더 시도하다가 결국 바나나를 포기했다. 이 광경을 본 다른 원숭이들까지도 다시는 바나나를 따 먹으려 하지 않았다. 그 후 무리 안에 있던 원숭이 중 몇 마리를 새로운 원숭이들로 교체했다. 새로 들어온 원숭이 중 한 마리가 바나나를 따 먹으려 했다. 기존에 있던 원숭이들이 괴성을 질러대며 못하게 했다. 영문도 모른 채 새로운 원숭이들도 천장 위의 바나나를 탐내지 않았다. 그런데 재미있는 사실은 지금부터나. 또 다시 원숭이들을 교체하여 물벼락을 맞았던 원숭이가 사라졌다. 게다가 물벼락을 맞는 장면을 목격한 원숭이들까지도 모두 교체된 후에도 단 한 마리의 원숭이도 바나나를 탐내지 않았던 것이다.

사람들도 어떤 시도를 해보고 실패를 경험하게 되면 그것에 대한 부정적인 생각이 자리 잡는다. 부정적인 생각은 더 이상 실패하기 싫다는 강한 자극이 된다. 자신의 실패뿐 아니라 다른 사람이 실패한 것에 대해서도 부정적인 생각을 갖게 된다. 새로운 일을 시작하기 전에 유사한 사례로 실패했던 경험담을 듣게 되면 지레 겁을 먹고 시도를 포기하게 되는 이유다. 실패할 것이라는 생각이 우리를 지배하게 되면 창의적인 발상은 멈춰버린다. 실패에 대한 두려움을 떨쳐버려야 창의성을 발휘할 수 있는 공간이 마련된다.

실패에 대한 두려움을 극복하는 방법

실패하는 것을 좋아하는 사람은 아무도 없다. 실패하게 되면 자신의 능력에 대해 자신이 가장 먼저 실망하게 된다. 게다가 실패하면 다른 사람들이 나를 어떻게 볼 것인가에 대한 불안감도 크다. 다른 사람들에게 유능하고 멋지게 보이고 싶은 것이 사람의 본성이기 때문이다. 성공하려면 어떤 행동이든 해야만 한다. 아무 행동도 안 하면 아무 결과도 안 나오기 때문이다. 결국 실패를 두려워하지 않아야 성공으로 갈 수 있다는 말이다.

톰 캘리, 데이비드 캘리의 《유쾌한 크리에이티브》에서 실패를 두려워하지 않는 방법으로 '건강한 실패'라는 표현이 나온다. '건강한 실패'란 실패에서 배우는 교훈을 통해 자신을 더 똑똑하고 더 창의적으로 만든다는 것이다. 실패하면 불쾌한 감정이 생기는 것은 사실이나 실패하는 것과 창의성 간에는 어떤 새로운 시도가 필요하다는 것이다. 존 캐스 캐시디는 실패에 대한 두려움을 극복하기 위한 방법으로 저글링을 처음 배울 때의 모습을 예로 들었다. 처음 저글링을 배울 때 가장 중요한 것은 '공 떨어뜨리기'라고 한다. 공 세 개를 그냥 허공에 던진 다음 안 받고 떨어뜨린다. 그리고 이 행동을 반복하는 것이다. 일부러 안 받는 연습을 하다보면 실수로 공을 떨어뜨리게 되더라도 두려워하지 않게 된다는 것이다. 이 연습을 통해 실패에 대한 불안감을 없애도록 하는 것이다. 사실 저글링을 하다가 공을 바닥에 떨어뜨리는 것은 공을 떨어뜨리지 않는 것보다 훨씬 더 자연스러운 현상이다. 실패하는 것이 자연스런 현상이라는 것에 익숙해지면 실패에 대한 두려움이 사라지기 시작한다. 실패에 대한 두려움이 사라지면 마음이 편안해져서 저글링을 하는 것이 훨씬 편해진다는 이야기다.

‘용감한 자가 미인을 얻는다.’라는 속담이 있다. 용감하고 적극적인 남자가 예쁜 여자를 사귈 수도 있고, 예쁜 여자와 결혼할 수도 있다는 뜻이다. 하지만 잘 생각해보자. 용감하고 적극적인 남자라 할지라도 미인에게 거절당할 가능성은 얼마든지 있다. 용감하고 적극적인 남자가 이 사실을 몰라서 미인에게 다가간 것이 아니다. ‘미인에게 거절당하는 것은 오히려 자연스런 상황’이라는 생각을 가지고 ‘내가 다가갔는데 저 미인이 나를 거절하면 어떡하지? 그렇게 되면 나는 창피할 텐데. 일이 잘못되면 주변 사람들의 웃음거리가 될 거야.’ 따위의 실패에 대한 두려움을 떨쳐 버렸기 때문에 미인에게 다가갈 수 있는 것이다. 그래서 실패에 대한 두려움 때문에 시도도 하지 않은 평범한 남자들보다 미인을 얻게 될 확률이 높아진 것이다. 마찬가지로 실패에 대한 두려움을 극복한 자만이 창의성을 얻게 된다. 실패에 대한 두려움은 새로 무엇인가를 배우는 일, 예측하지 못한 위험을 감수하는 일, 새롭게 도전하는 일을 하지 못하도록 나를 망설이게 만든다. 결국 실패에 대한 두려움에서 벗어나야만 창의성을 발휘할 수 있는 자신감이 생기는 것이다.

마이크로 소프트의 창업자 빌 게이츠는 간부를 선발할 때 일부러 실패한 경력이 있는 사람들을 채용한다고 한다. 사람들은 실패할 때 창의성이 자극되어 밤낮 없이 생각에 생각을 거듭하게 된다. 어느 기업이든지 실패는 겪기 마련이고 실패를 경험한 사람만이 난국을 헤쳐 나갈 수 있는 능력을 발휘할 수 있기 때문이다. 성공학의 대가인 나폴레온 힐도 성공하기 전엔 누구나 실패를 겪게 된다고 말했다. 많은 사람들이 실패를 겪으면 포기한다. 대다수의 사람들이 평범한 사람으로 남는 이유다. 실패를 두려워하지 않는 사람만이 어려운 고난 속에서도 침착하게 대응하는 방법을 알게 된다. 창의적인 위대한 사람은 하늘의 도움을 받은 사람이 아니다. 실패라 불리는 수많은 걸림돌들을 성공을 위한 디딤돌로 만들어 낸 사람들이다.

〈하울의 움직이는 성〉, 〈센과 치히로의 행방불명〉 등으로 유명한 일본의 애니메이션 영화감독 미야자키 하야오. 그리고 그의 작업실로 유명한 '스튜디오 지브리Studio Ghibli'. 지금은 세계적인 명성을 얻었지만 처음부터 순탄했던 것은 아니다. 그의 첫 번째 작품인 연재만화 〈바람계곡의 나우시카〉는 이색적인 소재와 독특한 그림 스타일로 주목을 받았다. 하지만 이 작품을 애니메이션으로 만들기에는 많은 어려움이 있었다. 그 당시 미야자키 하야오는 유명하지도 않았고, 함께 일할 사람과 자본금도 부족했기 때문이다. 하지만 실패에 대한 두려움보다는 새롭고 독창적인 일을 해 보겠다는 열망으로 과감하게 도전한 덕분에 세계적으로 인정받는 〈바람계곡의 나우시카〉를 선보일 수 있었다. 실패에 대한 두려움을 떨쳐버리려는 듯이 스튜디오 지브리 사무실 앞에는 독창적인 팻말이 걸려있다. 절망하는 듯한 사람이 있는 그림 도안에 '금지禁止'를 나타내는 붉은 선이 칠해져 있고, 교통표지판 같이 생긴 팻말 아래에는 '좌절금지挫折禁止'라는 글자가 쓰여 있다. 이렇게 미야자키 하야오는 실패를 두려워하지 말라는 메시지를 전하고 있는 것이다.

창의성은 실패로부터 시작한다

시험을 볼 때면 언제나 알쏭달쏭한 문제는 있기 마련이다. 시험 보는 내내 궁금해하다가 시험이 끝나자마자 내가 쓴 답이 맞았는지 옆 사람한테 물어보거나 교과서를 뒤적거린다. 다행히 맞았으면 기분이 좋지만 그 반대면 우울해진다. 그런데 재미있는 사실은 이렇게 우리가 확인해본 문제는 시간이 아무리 지나도 잘 잊히지 않고 오래도록 기억된다는 것이다. 즉 실수와 실패를 통해 우리가 발전해나가는 하나의 과정이라 할 수 있다.

미사일, 잠수함, 전투기와 같은 군사무기를 개발할 때 오작동을 줄여 정확도를 높이는 것은 중요하다. 1960년대부터 미국 항공우주국NASA은 항공·우주산업에서의 실패 가능성을 치밀하게 분석하면서 실패의 중요성을 크게 다루기 시작했다. 1980년대부터는 품질관리Qualtiy control, 6시그마Sigma 같은 다양한 경영기법을 도입해서 실패를 줄이기 위한 온갖 노력들을 기울이고 있다.

창의성이 실패를 먹고 자란다는 사실을 모르는 것은 아니다. 그러나 실패에 대한 두려움이 먼저 앞서기 때문에 쉽게 시도하지 못한다. 실패에 대한 두려움이 생기는 이유는 단순하다. 실패하면 사람들에게 욕을 얻어먹고 실패에 대한 책임을 져야 하기 때문이다. 우리가 아기였을 때를 생각해보면 그 누구도 처음부터 걸어 다니지 못했다. 아장아장 한 걸음 한 걸음 발을 떼다 넘어지기를 수천 번 겪었다. 그럴 때마다 부모님들은 우리를 격려해서 우리는 걷게 되었다. 어린아이였을 때 처음으로 자전거에 올라탔다. 수없이 넘어졌다. 하지만 주변 사람들은 우리를 질책하지 않고 계속해서 용기를 불어넣어 주었고, 결국 우리는 자전거를 탈 수 있게 되었다. 마찬가지로 실패해두 괜찮다는 용기를 준다면 우리는 새로운 도전을 할 수 있게 된다. 그래서 창의성을 추구하는 조직들은 조직원들이 실패에 대한 두려움을 갖지 않도록 도와준다. 비난하지 않고 책임을 요구하지도 않는다.

일본 혼다Honda는 매년 가장 큰 실패를 한 연구원에게 100만 엔의 상금을 준다. 이른바 '실패왕' 제도다. 혼다의 연구원들이 실패를 두려워하지 않고 자신 있게 창의적인 아이디어를 낼 수 있는 힘이다. 이런 자신감으로 세계 최초의 달리는 로봇과 제트기를 만드는 회사로 커가는 원동력이 된 것이다.

세계적인 휴대전화 칩 제조회사인 퀄컴Qualcomm은 실패란 위대한 역사를 만들어 가는 한 과정이라고 직원들에게 가르친다고 한다. 신입사원들을 교육할 때마다 자신들의 겁 없는 도전의 역사가 담긴 영상물을 보여준다. 지금의 퀄컴으로 자리매김할 때까지 어떤 실패를 겪었고 그것이 어떻게 성공으로 이어져 왔는지를 보여 준다. 퀄컴의 리더들까지도 틈틈이 직원들에게 회사의 실패담을 이야기해준다고 한다. 퀄컴의 직원들이 실패에 대한 두려움을 떨치고 창의적인 자신감을 가질 수 있는 이유다. 세계적인 기업으로 부상한 삼성도 처음부터 모든 일을 성공적으로 이끌었던 것은 아니다. 1953년 제일제당의 설탕 제조도 처음에는 실패했다. 설탕 만드는 기계를 통해 나온 것이 설탕가루가 아닌 물엿 같은 액체였기 때문이다. 제일모직도 첫 작품은 실패였다. 하지만 이내 실패를 기회의 발판으로 삼아 멋진 성공을 이루게 된다. 삼성전자가 세계적으로 스마트 폰 시장을 휩쓴 것도 실패에 굴복하지 않고 성공을 향해 도약했기 때문이다.

EBS 다큐프라임 제작팀이 쓴《이야기의 힘》을 보면 실패를 기회로 삼아 성공시킨 사례가 나온다. 일본 최대의 사과 생산지로 유명한 아오모리 현에서 있었던 일이다. 아오모리 현에는 특별한 사연을 간직한 사과가 있다. 오래 전 엄청난 태풍으로 이곳에 심어진 사과나무들은 엉망이 되었다. 태풍으로 인해 다 떨어진 사과를 보며 농부들은 망연자실했다. 하지만 실패를 오히려 절호의 기회로 전환시킨 농부가 나타났다. 이 창의적인 농부는 이 사과들을 보며 기발한 아이디어를 떠올리게 된다. 바로 태풍 속에서도 떨어지지 않고 살아남은 10%의 사과를 보면서 떠올린 아이디어였다. '태풍에도 떨어지지 않고 붙어 있는 사과'라고 이름을 붙여 전국의 수험생들에게 팔았던 것이다. 이렇게 탄생한 사과가 바로 '합격 사과'이다. 이 합격 사과는 일반 사과보다 10배가 넘는 아주 비싼 가격으로 판매되었다. 그러나 비싼 가격에도 불구하고 그야말로 날개 돋친 듯이 팔려나갔다. 태풍 때문에 보통 사과보다 당도도 떨어지고 상처도 많았던 사과지만, 이 사과는 아오모리 현의 대표 브랜드가 되었다. 하지만 아오모리 현의 농부들이 이 창의적인 농부의 아이디어를 무시하거나 배척했다면 '합격 사과'는 탄생하지 않았을 것이다.

조직이 창의적인 인재를 키우는 방법은 간단하다. 실수해도 괜찮다는 표현을 해주고 실패해도 감싸주겠다는 분위기를 조성하면 된다. 실패해도 괜찮다는 분위기가 조성된다고 해서 일부러 실패하려는 사람은 없다. 오히려 자율적인 분위기 속에서 다양하고 참신한 아이디어를 내려고 노력하게 된다. 이런 조직은 창의성을 바탕으로 성공할 수밖에 없다.

우리는 왜 작은 실수 하나까지도 하기 싫을까?

학생들은 시험이 끝나고 나면 정답을 맞춰보기 위해 책을 확인하기도 하고 친구들에게 물어보기도 한다. 자신이 쓴 답이 정답이면 기분이 좋아진다. 그런데 자신이 푼 문제가 틀렸을 때는 어떤 반응을 보일까? '아, 내가 잘 모르는 문제였구나'와 같이 자기 실수를 바로 인정하는 반응은 잘 보이지 않는다. 대신 '그거 내가 아는 문제였는데, 그 문제 거의 다 맞춘 것이나 다름없었는데'와 같이 자기 실수를 인정하지 못하고 변명만 늘어놓는다. 이처럼 정도의 차이가 있지만 자신이 실수하거나 패배한 결과에 대해 깨끗하게 승복하는 사람들은 많지 않다. 결국 대부분의 사람들에게는 어떤 종류든 관계없이 거의 맞출 뻔한 문제였고 이길 뻔한 경기였던 것이다. 왜 이런 현상이 벌어지는 것일까? 자신의 실수나 패배를 인정하기 싫어하는 사람의 본성 때문이다. 그렇다면 사람들은 왜 자신이 실수한 사실이나 패배한 결과를 인정하기 싫어할까? 사람들은 자신이 예상하고 추측한 내용과 다른 결과가 벌어지면 놀란다. 사람들은 바로 이 놀라는 감정의 상태를 받아들이는 것을 싫어하기 때문이다.

대통령 선거에서 어떤 후보자가 당선될 것이라고 생각했는데, 막상 결과를 보니 내가 예상했던 사람이 아니다. 이런 경우 사람들은 우선 놀란다. 사람들은 이 놀람이라는 감정을 굉장히 싫어한다. 자신의 예측에서 벗어난 결과를 받아들이기가 불쾌하기 때문이다. 다른 사람들이 이 사실을 알든 알지 못하든 상관없이 그냥 이 감정이 싫은 것이다. 놀람의 감정이 너무 싫어 자신의 이전 생각을 각색해 버리기까지 한다. 마치 그 후보자는 이런저런 이유로 당선되지 않았을 것이라고 예전에 생각했던 것처럼 생각을 정리한다. 이런 현상을 '사후확증편향Hindsight bias'이라고 한다. 다른 말로 '그럴 줄 알았어 효과'라고도 부른다. 이런 사후확증편향은 우리가 갖고 있는 생각이나 신념을 더 확실히 하기 위해 한쪽으로 치우치는 현상을 의미한다. 그래서 자기의 생각이나 신념에 맞도록 유리한 증거나 자료를 찾아 그것만 믿으려 한다. 색안경을 쓰고 사물을 바라보는 것과 같다. 사람들이 자신의 실수나 패배를 자기변명으로 일관하려는 경향이 있는 것도 이런 이유에서다.

어떤 여자가 친구랑 용하기로 소문난 점집에 갔다. 점집에 들어서는 순간 점쟁이가 이 여자에게 큰소리로 호통을 쳤다. "너희 집 앞에 커다란 감나무 있지?” 이 점집이 너무 잘 맞힌다고 해서 왔는데 이거 왜 이러지 하면서 나지막이 대답했다. “아닌데요.” 그랬더니 점쟁이가 말했다. “내 그럴 줄 알았어. 있었으면 큰일 날 뻔했어!”

사람들은 자신의 말이나 생각이 틀렸다는 것을 인정하기 싫어한다. 놀랐다는 사실을 자기 자신은 물론이고 남에게까지 드러내고 싶지 않기 때문이다. 그래서 사람들이 확실한 것만 표현하기를 좋아한다. 확실하다는 것은 이미 다른 사람들도 그렇게 생각했던 것이다. 이 때문에 사람들은 남이 하지 않았던 생각이나 행동을 실행에 옮기는 것을 두려워한다. 사람들이 안정이 주는 편안함을 추구하는 큰 이유가 여기에 있다. 창의적인 사람이 되기 위해서는 먼저 자신의 말이나 생각이 틀릴 수도 있다는 것을 인정해야 한다. 그 다음은 이런 자신의 말이나 생각에 대해 다른 사람들이 이러쿵저러쿵 떠드는 소리를 웃어넘길 수 있도록 노력해야 한다. 실수는 결코 나쁜 것이 아니다. 한두 번의 실수로 엄청난 재앙이 따르는 것도 아니다. 실패는 성공의 어머니라는 말처럼 성공으로 이르는 통과의례라고 생각하는 자세가 필요하다. 아기가 걸음마를 배울 때까지 이천 번도 넘게 넘어진다고 하지 않았던가. 실패를 두려워 말고 기꺼이 실패하려는 무모한 도전이 필요할 때다. 안전지대에서 벗어나 작은 변화를 시도해보는 것은 어떨까?

Epilogue

옛날 어느 나라의 왕이 이가 몽땅 빠지는 흉한 꿈을 꾸게 되었다. 잠에서 깬 그는 불안한 심사를 참을 수 없어 꿈 해몽으로 유명한 점성술사를 불렀다. 왕의 이야기를 다 들은 점성술사는 심각한 표정으로 이렇게 말했다.

"폐하, 그 꿈은 매우 불길한 징조입니다. 잇몸은 그대로인 채로 이가 몽땅 빠진다는 것은 폐하의 가족들이 폐하보다 먼저 세상을 떠나게 된다는 의미입니다."

이 말을 들은 왕은 불같이 화내며 그 점성술사를 옥에 가둬버렸다. 그러고는 또 다른 점성술사를 불러서 똑같은 이야기를 들려주었다. 그런데 이번 점성술사는 이전 점성술사와는 달리 밝게 웃으며 이렇게 말했다.

"폐하, 기뻐하셔도 좋을 듯합니다. 이 꿈은 매우 좋은 징조입니다. 폐

하께서는 가족들 중에 가장 오래 사시게 될 것이라는 하늘의 계시인 것 같습니다."

이 말을 들은 왕은 매우 기뻐하며 점성술사에게 큰 상을 내렸다.

어떤 사물이나 상황에 대해 어느 쪽을 바라보느냐에 따라 그 의미와 가치가 달라진다. 부정적인 관점을 가진 사람은 늘 부정적인 방향으로 해석하기 마련이며 긍정적인 성향의 사람은 안 좋은 상황에서도 좋은 점을 찾아내어 그 부분에 집중한다.

창의성도 마찬가지다. 내가 조금 더 상황을 다르게 보려 노력하고 관점을 바꾸려는 시도 자체가 창의성인 것이다. 남과 다르게 창의적인 사람이 되려면 남들과 다른 그 이상의 무엇이 필요하다. 당신이 상상할 수 없는 꿈을 꾸고 있다면 상상할 수 없는 노력을 해야 하는 이유다. 더 많은 지식을 쌓으려고 노력하고 더 많은 사람들을 만나기 바란다.

이 세상에 완벽히 새로운 것이란 없다. 나의 경험과 너의 경험이 한데 모여 상상할 수 없는 상상력이 탄생한다. 매일매일 나를 변화시키려는 작은 실천으로 나만의 창의성을 키워나가길 간절히 바란다. 그리고 이 책을 끝까지 읽어준 여러분께 감사드린다. 다함께 손에 손을 맞잡고 창의성의 세상으로 나아가자.

마지막으로 내가 이 책을 쓰는 동안 아낌없는 성원을 보내준 사랑하는 내 아내와 아들에게 고맙다는 말을 전한다. 내가 다양한 아이디어를 조직 내에서 실천할 수 있게 도와주신 공군 종합행정학교 교장님이셨던 이경남 대령님께도 감사의 말씀을 올린다. 그리고 이 책을 완성할 수 있도록 고견들을 아끼지 않으셨던 김중민 회장님, 이천 대표님, 이정 대표님, 하민회 대표님, 김동한 교수님, 임찬기 부장님, 김남시 교수님, 김경호 감독님, 김준환 차장님, 김휘택 교수님, 이동철 대표님, 어수지 연구원님, 한정석 의사님, 조한석 비서관님, 이현준 과장님, 고승현 과장님, 유형세 사무관님, 김은비 중사, 김동열 대표, 김영훈 중위, 이현성과 박경창에게도 감사의 마음을 전한다.

한상형

| 참고문헌 |

김정인,《동산이 아이를 바란다》, 중앙북스, 2014. 2. 3

김광희,《창의력에 미쳐라》, 넥서스BIZ, 2014

김난도 등 공저,《트렌드 코리아 2015》, 미래의 창, 2014

김용욱,《몰입의 법칙》, 북이십일 21세기북스, 2009

나심 니콜라스 탈레브,《안티프래질》, 미래엔, 2013

대니얼 골먼,《포커스》, 웅진씽크빅, 2014

데이비드 모즈비·마이클 와이스먼,《탁월함의 함정》, 북이십일, 2006

디쟝보·양칭보,《6번째 콜라》, 북이십일 21세기북스, 2009

로버트 서튼,《역발상의 법칙》, 황금가지, 2003

롤프 옌센·미카 알토넨,《르네상스 소사이어티》, 내 인생의 책, 2014

루 해리,《크리에이티브 블록》, 토트, 2013

뤼크 드 브랑방데르·앨런 아이니,《아이디어 메이커》, 청림출판, 2014

마이클 레빈,《깨진 유리창 법칙》, 흐름출판, 2006

미하이 칙센트미하이,《몰입의 즐거움(Finding Flow)》, 해냄, 2008

박영숙 등 공저,《유엔미래보고서 2040》, 교보문고, 2014

박웅현·강창래,《인문학으로 광고하다》, 알마, 2014

박웅현,《여덟 단어》, 북하우스, 2013

버나드 골든,《 생각을 생각하다》, 미래엔 컬처그룹, 2010

신상훈,《유머가 이긴다》, 쌤앤파커스, 2010

샤이쇼 히시로,《 아침형 인간》, 한스미디어, 2005

스티브 존슨,《탁월한 아이디어는 어디서 오는가》, 한국경제신문, 2014

스탠리 밀그램,《권위에 대한 복종》, 에코리브르, 2009

안병민,《마케팅 리스타트》, 책비, 2015

안상윤,《매혹당할 확률 99%》, 아라크네, 2006

오상진,《아웃 오브 박스》, 다연, 2014

오홍석,《호모 크리에이티브》, 케이북스, 2011

윤서원,《낯선 곳에서 살아보기》, 리얼북스, 2015

이근미,《1%로 승부하라》, 북이십일, 2008

이권우,《책읽기의 달인 호모부커스》, 그린비, 2008

이동철,《한 덩이 고기도 루이비통처럼 팔아라》, 문학동네, 2014

이민규,《끌리는 사람은 1%가 다르다》, 더난출판, 2014

윌리엄 더건,《제7의 감각, 전략적 직관》, 비즈니스맵, 2013

전경원,《서바이벌 크리에이티브》, 아주좋은날, 2011

조신영,《성공하는 한국인의 7가지 습관》, 한스미디어, 2012

조주연,《직업의 정석》, 세종서적, 2013

존 캐시디,《인기짱 되는 저글링 배우기》, 넥서스, 2004

좋은생각 편집부,《좋은 생각》, 좋은 생각 사람들, 2012

제임스 매퀴비,《디지털 파괴》, 문예출판사, 2014

차동엽,《무지개 원리》, 위즈앤비즈, 2007

찰스 두히그,《습관의 힘》, 웅진씽크빅, 2012

클라이브 톰슨,《생각은 죽지 않는다》, 시공사, 2015

클레이튼 크리스텐슨,《혁신기업의 딜레마》, 세종서적, 2009

톰 켈리 · 데이비드 켈리,《유쾌한 크리에이티브》, 청림출판, 2014

트레이시 앨러웨이 · 로스 앨러웨이,《파워풀 워킹메모리》, 문학동네, 2014

프란시스 부스,《디지털 세상에서 집중하는 법》, 처음북스, 2014

하민회,《이미지 리더십》, 전자신문사, 2004

IGM세계경영연구원,《팔리지 않으면 크리에이티브가 아니다》, IGM세계경영연구원, 2013

'6차 산업을 아십니까', 동아일보, 2013. 4. 24

'가구 배치 · 기둥 색깔만으로도 공간이 조직을 혁신한다', 조선일보, 2014. 11. 8

'거대한 쇳덩어리로 만든 진단장비와 검사실을 놀이공원으로 만들어라', 매일경제, 2015. 3. 17

'괴짜를 키워라… 1인 특별 공간 주고 사무실엔 소통의 계단', 동아일보, 2013. 5. 8

'권력 잡으면 뇌가 변해. 터널처럼 시야 좁아져 독주할 가능성 커져', 조선일보, 2014. 7. 5

'뇌는 전문가 충고 들을 때 생각하는 것 멈춘다', 매일경제, 2014. 5. 17

'류현민의 힐링스토리, 산책으로 창의력을 높이다', 세계일보, 2014. 8. 14

'모난 성격 살려줘야 참신한 시도 늘어나', 매일경제, 2015. 7. 24

'변기가 예술품? 미술 개념 뒤집어놓은 뒤샹의 기발함', 한국경제, 2013. 9. 14

'변화를 부르는 계산법', 동아일보, 2012. 11. 13

'비꼬는 농담하면 창의력 강해진다', 서울신문, 2015. 7. 29

'빌게이츠 후계자' 포기하고 활력 찾은 스티브 발머', 초이스 경제, 2014. 8. 19

'사내 창조성 키우려면 3가지 장벽 넘어서라', 매일경제, 2015. 1. 1

'세무 빈 벽 없애 헐린 공간 만들어내', 동아일보, 2013. 5. 8

'삼성 우동균과 모소 대나무, 폭풍성장을 기다리며', 스포츠서울, 2015. 2. 15

'성공의 99%는 실패에서 나오는 1%의 성취', 중앙일보, 2014. 12. 29

'새해엔 메모를 하자', 동양일보, 2015. 1. 15

'아이디어 원하면 천장부터 높여라', 매일경제, 2015. 4. 10

'아폴로 신드롬이란, 천재라고 좋아만 할 일 아냐 기업에서는', 중앙일보, 2015. 3. 30

'음악이 일에 방해된다고? 업무효율 높이는 청취법 5', 서울신문, 2015. 7. 25

'이 회의실에서는 NO라는 말은 NO 아이디오 CEO 팀 브라운 인터뷰', 조선일보, 2010. 7. 3

'인간은 정말 뇌의 10%밖에 사용하지 못할까? No', 세계일보, 2014. 9. 7

'인문학으로 배우는 비즈니스 영어 CREATIVE', 조선일보, 2014. 8. 23

'위기땐 엉뚱한 사람에게 끌린다', 매일경제, 2014. 6. 20

'위 아래 따지는 아시아 문화가 천재를 평범하게 만든다', 조선일보, 2014. 8. 23

'존 호킨스의 창조경제', 서울경제, 2014. 2. 24

'주위가 산만한 당신, 혹시 천재성의 징후?', 중앙일보, 2015. 3. 12

'질서는 전통을 보전하고, 무질서는 창의성을 촉진한다', 동아일보, 2013. 6. 20

'창의적인 사람은 없다. 창의적 상황이 있을 뿐', 매일경제, 2015. 5. 15

'창의적인 사람은 이기적? 타인 위한 발상 더 많죠', 매일경제, 2015. 2. 6

'항공기 기내식 맛없는 이유는 소음 탓? 소음의 역할', 매일경제, 2014. 9. 2

'회사에 나만의 아지트 있어…어디?', 세계일보, 2014. 2. 19

'교실 주변 냄새-소리, 학습력 창의력에 영향', 코메디닷컴 뉴스, 2013. 10. 31

'독서경영이 살 길… 시간을 지배하라!', CNB저널, 2014. 11. 13

'사무실 책상에 장난감 놔두면 창의성 향상된다?', 월스트리트저널, 2015. 3. 9

'아침형 인간 vs 저녁형 인간… 누가 더 건강할까?', SBS뉴스, 2015. 4. 6

'삼성의 유연근무제', 파이낸셜뉴스, 2015. 4. 12

'성공한 사람들이 잠들기 전에 하는 일', 머니투데이 뉴스, 2014. 9. 22

'숲 소리 들으면 학교 성적도 쑥쑥', 이뉴스투데이, 2015. 4. 23

'정말, 창의적인 아이로 기르고 싶다면?', 베이비뉴스, 2014. 4. 27

'잭 웰치 GE 회장의 탁월한 경영능력 비결은 '멍 때리기'', 머니투데이 뉴스, 2015. 1. 4

'피로사회 사는 현대인에게 명약은 '멍 때림'…'멍 때리기' 필요해진 번 아웃 사회', MK뉴스, 2014. 12. 3

'김경일, 권위와 신뢰가 주는 착시와 평계', 네이버캐스트, 2011

'김경일, 또 다른 지적 능력 메타인지', 네이버캐스트, 2011

'멍 때려야 뇌가 쌩쌩해진다?!', 동아사이언스, 2015. 3. 2

'완벽한 사무공간 만드는 방법 5가지', 위키트리, 2015. 2. 23

'중얼중얼… 뇌를 활성화시키는 4가지', 코메디닷컴, 2015. 4. 30

'지식인의 서재 : 소설가 베르나르 베르베르의 서재', 네이버캐스트, 2014. 1. 1

'최규상의 유머발전소', 네이버 사이트

'카페 소음이 창의력을 자극한다?', 청년의사, 2013. 7. 8

'컬러 테라피, 몸을 다스리고 마음을 움직이는 색채', 네이버캐스트, 2014. 12. 23

Asch. S. E.(1970). Studies of independence and conformity : A minority of one against a unanimous majority. Psychological Monographs; 70(9), 1~70.

Milgram, S. (1963). Behavioral study of obedience. Journal of Abnormal and Social Psychology, 67, 371-378.

Meyers-Levy, J. and Zhu, R. J.(2007) The Influence of Ceiling Height. Journal of Consumer Research.

Zeki, Jamil, Jason Mitchell, and Jessica Schirmer(2011), "Social Influence Modulates the Neural Computation of Value," Psychological Science, In Press.